Fontanes Berlin

Bernd W. Seiler

Fontanes Berlin

Die Hauptstadt in seinen Romanen

vbb verlag für berlin-brandenburg

Kapitel 1

Theodor Fontane und die Stadt Berlin

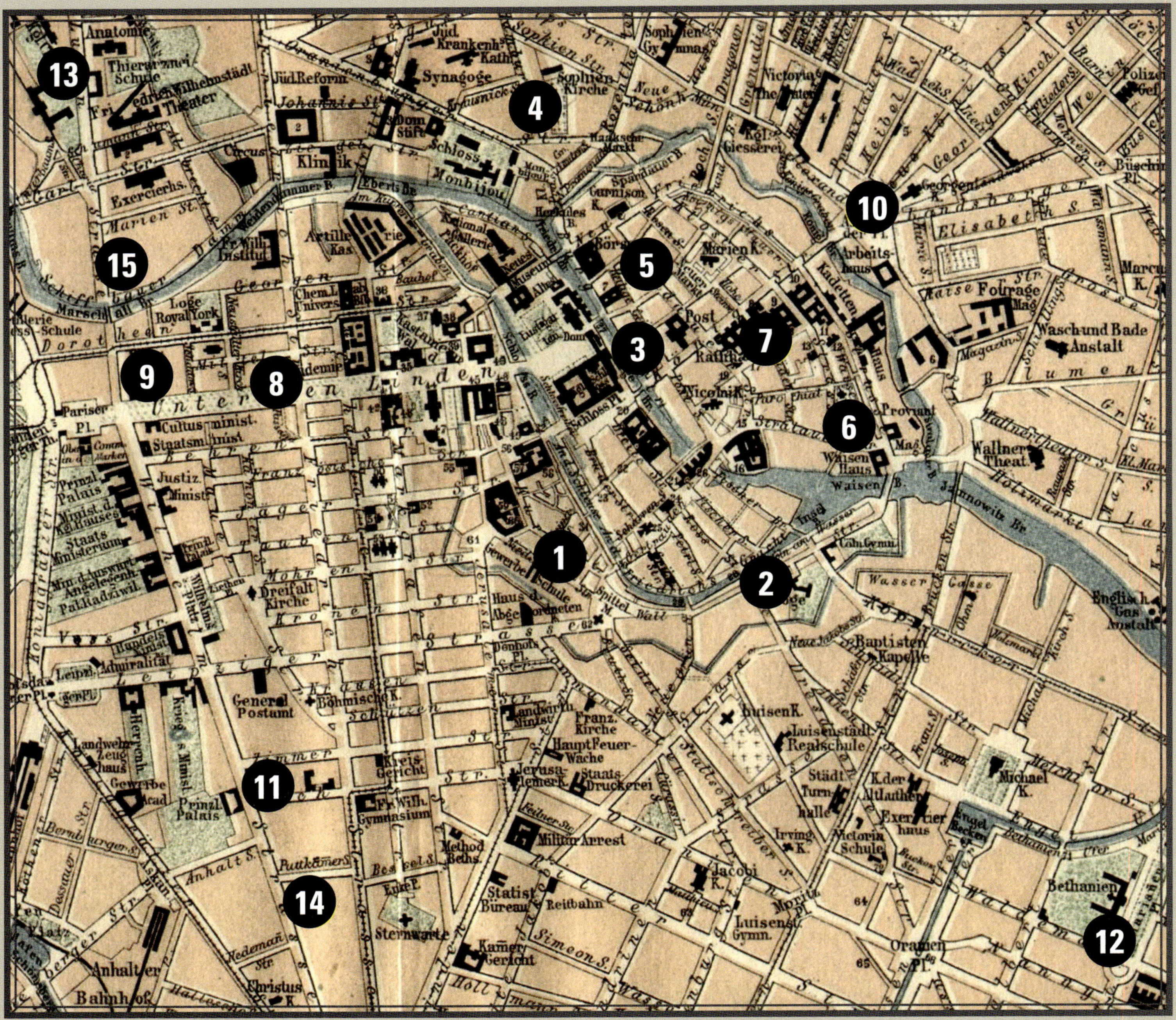

Fontanes Berliner Wohn- und Ausbildungsstätten bis zu seinem Umzug nach London in einem Stadtplan von 1875

1. 1834–1836: Niederwallstraße 12, Friedrichswerder'sche Gewerbeschule
2. 1834: Wallstraße 73
3. 1834/35: Burgstraße 18
4. 1835/36: Große Hamburger Straße 30
5. 1836–1840: Spandauer Straße 77, Apotheke Zum weißen Schwan
6. 1844: Klosterstraße 64 (Militärzeit)
7. 1844/45: Jüdenstraße 55 (Militärzeit); 1850: Trauung in der Klosterkirche
8. 1845/46: Polnische Apotheke
9. 1846/47: Dorotheenstraße 60
10. 1847/48: Apotheke Zum Schwarzen Adler
11. 1847/48: Zimmerstraße 2
12. 1848/49: Krankenhaus Bethanien
13. 1849/50: Luisenstraße 12
14. 1850–1852: Puttkamerstraße 6 (erste Wohnung im Ehestand)
15. 1852–1855: Luisenstraße 35

Der Mann, der wie kein anderer Autor des 19. Jahrhunderts der preußischen Hauptstadt in seinem Werk ein Denkmal gesetzt hat, war selbst eigentlich kein Berliner: Heinrich Theodor Fontane, wie er mit vollem Namen hieß, kam am 30. Dezember 1819 in Neuruppin zur Welt. Doch dieser nicht berlinische Geburtsort war lediglich ein Zufall. Seine Vorfahren, im 17. Jahrhundert als verfolgte Protestanten – Hugenotten – aus Frankreich nach Preußen eingewandert, waren schon im 18. Jahrhundert in Berlin ansässig geworden, sodass sein Vater ebenso von dort stammte wie seine Mutter. Nur weil beide, jung verheiratet, eine Apotheke in Neuruppin erwarben, wurde Fontane als erstes Kind dort geboren.

Nach der Kinderzeit in Neuruppin und Swinemünde kam er mit knapp vierzehn Jahren aber auch selbst nach Berlin. Man hatte ihn auf die Friedrichswerder'sche Gewerbeschule gegeben, die er als Sechzehnjähriger mit dem „Einjährigen" auch abschloss. Mit dem „Einjährigen" brauchte man statt des dreijährigen Militärdienstes nur ein Jahr zu dienen, was Fontane 1844 im Garderegiment Kaiser Franz – ebenfalls in Berlin – auch tat. Gewohnt hat er in den beiden Schuljahren inmitten des alten Zentrums, erst in einer Schülerpension in der Wallstraße, dann bei seinem Onkel August in der Burgstraße direkt gegenüber der Spreefront des Schlosses, zuletzt in der nördlich sich anschließenden Großen Hamburger Straße.

(1) Die Friedrichswerder'sche Gewerbeschule in der Niederwallstraße 12 (zwischen Spittelmarkt und Hausvogteiplatz). Das Gebäude wurde schon im 19. Jahrhundert durch einen Schulneubau ersetzt, der seit den 1880er-Jahren die Friedrichwerder'sche Oberrealschule (jetzt ohne Genitiv-s) beherbergte. Heute steht an ihrer Stelle ein Wohnblock.

(2) Links im Bild das Haus Wallstraße 73 (hier – 1887 – schon ein Neubau), wo Fontane 1834 in einer Schülerpension wohnte. Heute steht auf den Grundstücken das Art'otel Berlin-Mitte.

(3) Blick von der Burgstraße auf Schloss und Schlossplatz um 1850 in einem Aquarell von Johann Heinrich Hintze (1800–1862). Links die Schlossbrücke mit dem Reiterstandbild des Großen Kurfürsten.

Schloss, Spree und (neuer) Dom um 1900 auf einer Postkarte. Das Haus mit der Inschrift an der Brandmauer ist das Haus Burgstraße 33, hier aber schon ein Neubau aus dem Jahr 1895.

An die Wohnung in der Burgstraße hat sich Fontane gern erinnert:

Das unter Umständen als Repräsentationsraum dienende größere Zimmer wurde wenig benutzt und kam eigentlich nur als eine Art Belvedere für uns in Betracht. An Sommerabenden lagen wir hier im Fenster und sahen die Spree hinauf und hinunter. Es war mitunter ganz feenhaft, und wer dann von der „Prosa Berlins", von seiner Trivialität und Hässlichkeit hätte sprechen wollen, der hätt' einem leid tun können. In dem leisen Abendnebel stieg nach links hin das Bild des Großen Kurfürsten auf […], gegenüber aber lag das Schloss mit seinem „Grünen Hut" und seinen hier noch vorhandenen gotischen Giebeln, während in der Spree selbst sich zahllose Lichter spiegelten.[1]

Diese gut gelegene Wohnung musste Onkel August 1835 wegen geschäftlicher Schwierigkeiten räumen und in der nördlich sich anschließenden Großen Hamburger Straße als „Trockenwohner" Quartier nehmen, also zu verbilligter Miete einen noch feuchten Neubau beziehen, um ihn so auszutrocknen. Dort war alles, obwohl neu, „schon wieder halb verfallen, hässlich und gemein", wie sich Fontane erinnerte, sein eigenes Zimmer im Erdgeschoss gar so feucht, „dass das Wasser in langen Rinnen die Wände hinunterlief".[2]

In dem desaströsen Milieu begegnete ihm allerdings erstmals auch seine spätere Frau, Emilie Rouanet-Kummer, ein damals zehnjähriges, fremdländisch aussehendes Mädchen, dem er sich nach eigenem Bekenntnis bald verbunden fühlte. Nach dem Schulabschluss zog er hier aber aus. Er wurde Lehrling in der Apotheke Zum weißen Schwan und wohnte für die nächsten vier Jahre dann auch dort, in der Spandauer Straße 77, Ecke Heidereuter Gasse. Seinen Lehrherrn Wilhelm Rose nannte er später einen „humanen Bourgeois", dem Anschein nach immer dem Schönen, Guten und Wahren zugeneigt, tatsächlich jedoch stets nur auf seinen Vorteil bedacht.

(4) Große Hamburger Straße: In dem dreistöckigen Haus mit der unverputzten Brandmauer – Nummer 30 – hat Fontane von Ostern 1835 bis Ostern 1836 gewohnt. – Rechts der Turm der Sophienkirche.

(5) Die Apotheke Zum weißen Schwan um 1820. Blick auf die Front an der Spandauer Straße und in die Heidereuter Gasse.

(6) Die Apotheke Zum weißen Schwan um 1880. Der Neubau aus den 1850er-Jahren ist von Fontane noch wahrgenommen worden. Am Bildrand links jeweils die Heilig-Geist-Kapelle.

Die Heidereuter Gasse ist nur noch an der Rückseite der neuen Bebauung auffindbar. Immer noch vorhanden ist aber die Heilig-Geist-Kapelle, heute ein Festraum der Humboldt-Universität.

(7) Wilhelm Brücke (1800–1874): ***Das alte Berlinische Rathaus in der Spandauer Straße (1841)*** **und dieselbe Stelle heute.**

Immerhin fand er bei ihm Zeit genug, während um ihn herum irgendwelche Rezepturen köchelten, regelmäßig zu lesen und sich an ersten eigenen Dichtungen zu versuchen.[3]

Von dem Milieu in der näheren Umgebung der Rose'schen Apotheke erzählt ein Bild von Wilhelm Brücke, das die Spandauer Straße an der Ecke der Königstraße zeigt, wo damals noch das alte Rathaus stand und seit 1868 das neue Rote Rathaus steht.

Nach seinem Ausscheiden aus der Rose'schen Apotheke im Herbst 1840 verdingte sich Fontane für drei Jahre als Gehilfe in Apotheken in Leipzig, Dresden und Letschin. Zurück in Berlin, stand sein Militärdienst an. Er leistete ihn in der „alten, ruppigen ‚Kaiser-Franz-Kaserne'"[4] in der Neuen Friedrichstraße ab, an der Rückseite der Parochialkirche gelegen, in deren Nachbarschaft er sich auch ein Zimmer nahm. Als angehender Reserveoffizier brauchte er nur zu den Dienstzeiten in der Kaserne zu sein.

Noch 1844 zog Fontane in die parallel zur Klosterstraße verlaufende Jüdenstraße um und nach Ende seiner Militärzeit im Juni 1845 wieder in eine Apotheke, diesmal die Polnische Apotheke an der Friedrichstraße, Ecke Mittelstraße. Das Gebäude, das sich – nur wenige Schritte von Unter den Linden entfernt – mit diesem Namen heute dort noch befindet, hat er allerdings nicht mehr kennen gelernt. Es wurde erst nach seinem Tod auf dem Grundstück der alten Polnischen Apotheke errichtet.

Im Dezember 1845 schritt Fontane zu seiner Verlobung. Er „schritt" buchstäblich, denn nach seiner eigenen Schilderung ergab sich die Sache auf einem nächtlichen Stadtgang. Die einundzwanzigjährige Emilie Rouanet-Kummer hatte ihn in einem zierlichen Brief – per „Sie" – gebeten, sie nach der Geburtstagsfeier seines Onkels am Hausvogteiplatz nach Hause zu begleiten. Fontane selbst konnte dort nicht dabei sein, da er bis in die Nacht Dienst hatte. Sie wollte sich deshalb bis zu seiner Polnischen Apotheke von jemandem bringen lassen und sich für das restliche Wegstück ihm anvertrauen.

(9) Fontane in einer Zeichnung von 1844.

(8) Eduard Gaertner (1801–1877): *Die Klosterstraße mit der Parochialkirche (1829)* und dieselbe Stelle heute. Fontane wohnte 1844 in Nummer 64, dem letzten Haus rechts vor der Kirche mit dem Baum davor. Heute ist das Grundstück unbebaut, das davorstehende Haus stammt aus dem Jahr 1904.

(10) Die Weidendammer Brücke um 1880 und heute – von Westen gesehen. Im Hintergrund die Kuppel der Synagoge. 1896 wurde die Brücke durch einen Neubau ersetzt, der den Krieg heil überstand und noch vorhanden ist.

Rechte Seite: Das vormalige Diakonissen-Krankenhaus Bethanien, heute ein Kulturzentrum.

„Und so kam es", schreibt Fontane:

Gleich nach 10 Uhr, von wo ab ich frei war, war das Fräulein da. Der noch zurückzulegende Weg war nicht sehr weit, aber auch nicht sehr nah: die ganze Friedrichsstraße hinunter bis ans Oranienburger Tor und dann rechts in die spitzwinklig einmündende Oranienburger Straße hinein [...]. Da wir beide plauderhaft und etwas übermütig waren, so war an Verlegenheit nicht zu denken, und diese Verlegenheit kam auch kaum, als sich mir im Laufe des Gespräches mit einem Male die Betrachtung aufdrängte: „ja, nun ist es wohl eigentlich das Beste, dich zu verloben." Es war wenige Schritte vor der Weidendammer Brücke, dass mir dieser glücklichste Gedanke meines Lebens kam, und als ich die Brücke wieder um ebenso viele Schritte hinter mir hatte, war ich denn auch verlobt. Mir persönlich stand dies fest. Weil sich aber die dabei gesprochenen Worte von manchen früher gesprochenen nicht sehr wesentlich unterschieden, so nahm ich plötzlich, von einer kleinen Angst erfasst, zum Abschiede noch einmal die Hand des Fräuleins und sagte ihr mit einer mir sonst fremden Herzlichkeit: „Wir sind aber nun wirklich *verlobt.*"[5]

Die Möglichkeit, sie zu heiraten, ließ allerdings fünf Jahre auf sich warten. Zwar hätte Fontane nach seinem pharmazeutischen Staatsexamen im Frühjahr 1847 selbst eine Apotheke betreiben dürfen, aber dafür fehlte das Geld, und er musste sich mit schlecht bezahlten Anstellungen begnügen. 1847 verdingte er sich in der Apotheke Zum Schwarzen Adler dicht am Alexanderplatz, und 1848 wurde er für mehr als ein Jahr Pharmazie-Ausbilder in dem damals neuen Kreuzberger Krankenhaus Bethanien.

Damit allerdings verabschiedete er sich von der Apothekerlaufbahn und begann als freier Schriftsteller sein Glück zu versuchen. Er könne die Vorstellung, sein Leben hinter einem Ladentisch verbringen zu müssen, einfach nicht ertragen, schrieb er an seinen Freund Lepel:

(11) Der Innenraum der Klosterkirche im Jahre 1844 und heute.

[...] rufe Dir mal meine ganze Wesenheit vor die Seele und frage Dich dann, was ich empfinden muss, wenn ich dem Lehrling zurufe: „Sputen Sie sich! Wiegen Sie genau! denken Sie die China-Pomade kostet dem Herrn X.Y. kein Geld? mein Gott, lassen Sie doch das schöne Kind nicht so lange warten; Sie sehen ja, sie hat Eile." Darauf ergreif' ich in heiligem Eifer selbst die Pomadenbüchse, wickle mit einer zarten Bemerkung die Salbe in doppeltes Papier, und überreiche irgendwelchem Saumensch, die Abends hinter den Haustüren abgeknutscht wird, pfiffig lächelnd, ihre Haarschmiere. Und dabei: Streben nach Unsterblichkeit. *Wahrlich der Platen'sche Nimmermann, der auf dem Nachtstuhl Tragödien macht, ist an Lächerlichkeit ein Quark dagegen.*[6]

Zwei Bücher mit Balladen und Romanzen bescherten ihm 1849 einen ersten dichterischen Erfolg, und eine Anstellung als Lektor in einem Literarischen Kabinett im Sommer 1850 schien ihm die Zukunft auch finanziell abzusichern. So meinte er im Oktober 1850 endlich mit Emilie die Heirat wagen zu können. Die Trauung fand in der alten Franziskanerkirche zum Grauen Kloster statt, die heute eine denkmalgeschützte Ruine unweit des Alexanderplatzes ist, und gefeiert wurde in einem kleinen Lokal in der Bellevuestraße. Das möblierte Zimmer in der Luisenstraße gab Fontane auf und bezog mit seiner Frau eine Wohnung in der neu angelegten Puttkamerstraße.

Doch die Hoffnungen auf wirtschaftlich stabile Verhältnisse erfüllten sich nicht. Schon im Dezember 1850 wurde das Literarische Kabinett wieder geschlossen, und die Wohnung war nur zu halten, indem er zwei Zimmer an einen Freund untervermietete. Im Herbst 1852 zog er mit seiner Familie – 1851 war der Sohn George geboren worden – samt Untermieter in eine billigere Wohnung in der Luisenstraße um, konnte jedoch trotz aller Anstrengungen zu einem ausreichenden Einkommen nicht gelangen.

So nahm er im Herbst 1855 im Auftrag der preußischen Regierung eine Korrespondenz in London an, während seine Frau zunächst in Berlin noch blieb. Sie bezog eine kleine Wohnung in dem Haus Bellevuestraße 16, wo sie das zweite überlebende Kind, den Sohn Theodor, bekam und Fontane sie im Frühjahr 1857 für einige Wochen auch besuchte. Danach übersiedelte sie mit den beiden Kindern ebenfalls nach London, musste sich allerdings schon im Frühjahr 1859 wieder in Berlin einrichten, da sich auch England für Fontane als zukunftslos erwiesen hatte.

Fontane, Th., Schriftsteller, Puttkammerstr. 6.
— Apotheker-Ww., Köthenerstr. 37a.

Eintrag im Berliner Adressbuch von 1851. – Die *Apotheker-Ww.* Fontane war vermutlich mit einem der Nachkommen von Fontanes Großvater, der Kinder aus drei Ehen hatte, verheiratet gewesen.

(12) Das 1837 erbaute Haus Bellevuestraße 16, in dem Fontanes Frau 1856 durch Bekannte eine Wohnung im Obergeschoss vermittelt bekam. 1907 musste es mit mehreren Nachbarhäusern dem Hotel Esplanade weichen, das in den 1990er-Jahren mit einer zu Teilen rekonstruierten Fassade und dem berühmten Kaisersaal (als separater Gaststätte) neu erstand.

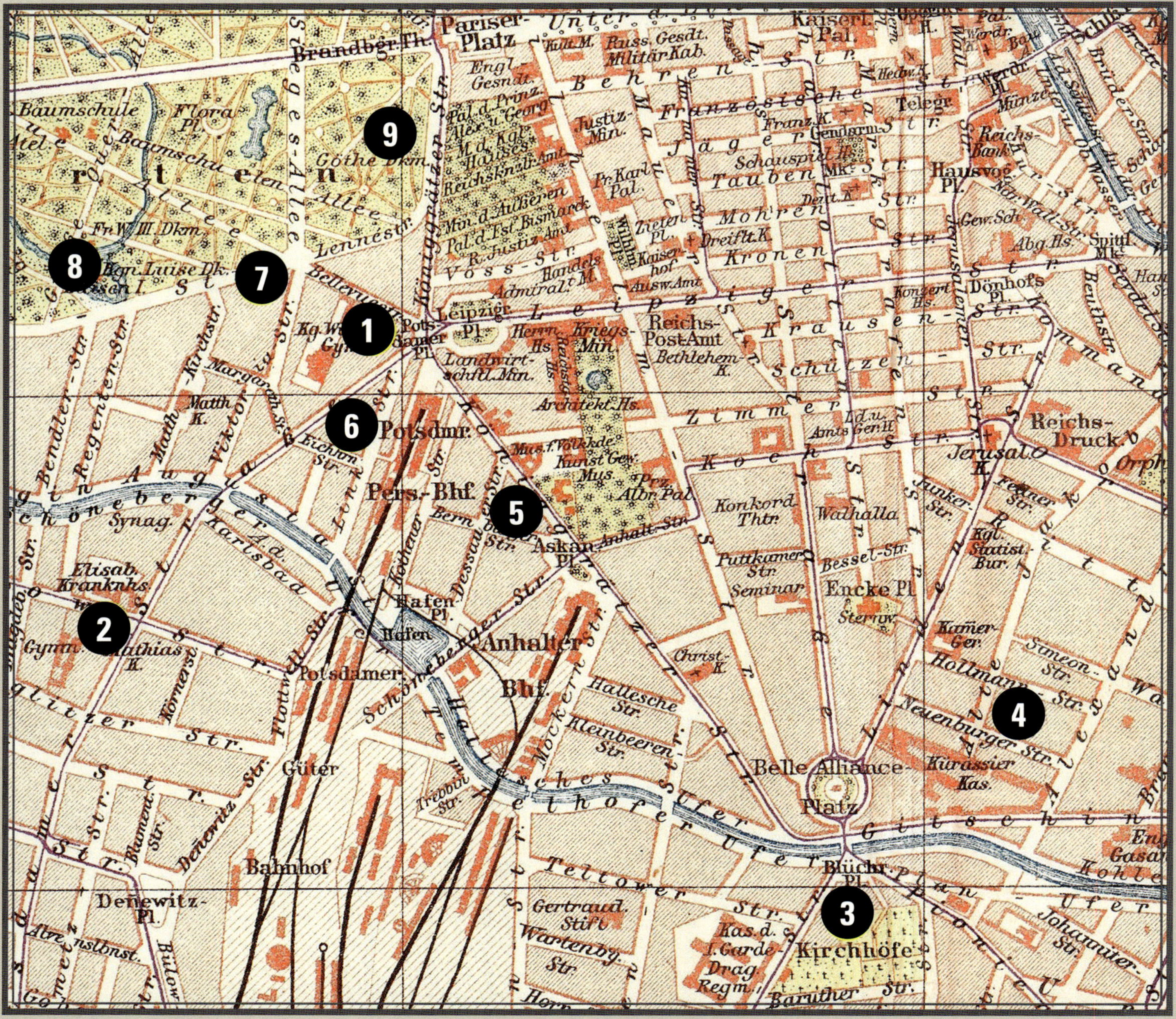

Fontanes Berliner Wohnstätten nach seiner Rückkehr aus London in einem Stadtplan von 1889

1. 1856/57: Bellevuestraße 16, Wohnung Emilie Fontanes vor ihrer Zeit in London
2. 1859: Potsdamer Straße 33, „Sommerwohnung"
3. 1859–1862: Tempelhofer Straße 51
4. 1862/63: Alte Jakobstraße 171
5. 1863–1872: Königgrätzer Straße 25
6. 1872–1898: Potsdamer Straße 134 c
7. Spazierwegsstation Kemperplatz
8. Spazierwegsstation Luisen-Denkmal
9. Spazierwegsstation Goethe-Denkmal

Die Rückkehr war allerdings wiederum verbunden mit mehreren vergeblichen Versuchen, eine Anstellung zu erlangen. Um Geld zu sparen, wurde zunächst eine „Sommerwohnung" in der Potsdamer Straße 33 bezogen, ein einstöckiges Haus mit offenbar so wenig Raum, dass man sich lieber im Freien aufhielt. An Paul Heyse schreibt Fontane im April 1859:

Hosemann hat mal ein Bildchen gemalt unter dem Titel „Berliner Sommerwohnung"; es besteht überwiegend aus einem Bretterzaun, hinter demselben erhebt sich ein frisch gepflanzter Apfelbaum, dessen kunstbeschnittene, laublose Äste nicht wissen, ob sie leben oder sterben sollen, vor dem Zaun, im Schatten dieser jungen Anpflanzung, sitzt ein Berliner Sommerwohner und müht sich, die weit aufgeschlagene „Vossische Zeitung" doppelt zu verwerten, als Schutzdach und höheres Bildungsmittel. Die Erinnerung an dieses Bild will mir nicht aus der Seele, seit wir hier im Grünen sitzen.[7]

Theodor Hosemann hat dieses Motiv mehrmals ausgeführt. In der Veröffentlichung von 1856 gibt es vier Bilder. Sie zeigen den Mann erst lesend allein, dann mit seiner Familie, dann mit unerwünschtem Besuch und schließlich vor diesen Belästigungen auf der Flucht. Eine frühere Fassung, die Fontane offenbar im Sinn hat, heißt *Die Sommerlaube* und zeigt ebenfalls den Mann allein.

Die Verbindung mit dem Begriff „Sommerwohnung" erklärt sich so, dass Hosemann Bilder auch mit diesem Titel gemalt hat. Die *Vossische Zeitung* ist allerdings auf keinem davon zu erkennen, und auch die Verwendung der Zeitung als Sonnenschutz ist nicht zu sehen. Beides sind Vorstellungen, die Fontane offenbar aus seiner eigenen Situation übernimmt.

Von dieser Stelle aus unternahm Fontane die ersten Fahrten in das weitere Berliner Umland und legte mit seinen Artikeln darüber, veröffentlicht in der *Kreuzzeitung*, den Grundstock für die *Wanderungen durch die Mark Brandenburg*.

Im Herbst 1859 bezog er mit seiner Familie aber wieder eine Stadtwohnung, diesmal südlich des Halleschen Tores gelegen, heute als das Grundstück Mehringdamm 1 zur Amerika-Gedenkbibliothek gehörend. Es war eine noch feuchte und deshalb billige Neubauwohnung, die man nach drei Jahren – trocken gewohnt – folglich auch räumen musste. Fontane bedauerte das jedoch nicht unbedingt. Inzwischen war ein drittes Kind, die Tochter Martha, Mete genannt, hinzugekommen und die Wohnung zu klein. Es fand sich auch etwas gar nicht weit weg, nämlich östlich des Belle-Alliance-Platzes, des heutigen Mehringplatzes, in der Alten Jakobstraße 171, auch hier allerdings wieder ein noch nicht abgetrockneter Neubau.

Doch auch das war nur eine Übergangslösung. Schon ein Jahr später – Emilie erwartete ein viertes Kind – wurde erneut gewechselt, nunmehr weiter nach Westen in die Hirschelstraße südlich des Potsdamer Platzes. Hier, in der nachmaligen Königgrätzer Straße 25, der heutigen Stresemannstraße, wurde es eine Fünf-Zimmer-Wohnung im ersten Stock eines schon älteren Hauses, in dem Fontane dann neun Jahre wohnen blieb.

(13) Theodor Hosemann (1807–1875): ***Die gemeinschaftliche Laube (1856).***

(14) Das Haus Königgrätzer Straße 25 an der Ecke der Dessauer Straße (rechts) im Jahr 1894. Zur Wohnung Fontanes gehörten im ersten Stock die vier Fenster über dem Hauseingang nach links und weitere Fenster hinten zum Hof. Das Hotel Zum deutschen Kaiser zog erst 1892 in das Haus. Heute steht an dieser Stelle ein Wohnhaus der namhaften, aus Bagdad stammenden Architektin Zaha Hadid (* 1950), fertiggestellt 1994.

In der Königgrätzer Straße schrieb Fontane vor allem seine drei Bücher über die Kriege, die zur deutschen Einigung führten, also die Kriege gegen Dänemark, Österreich und Frankreich. Er hatte die Vorbereitungen dazu jeweils unmittelbar beobachten können, da zu jener Zeit noch eine Bahnstrecke vor seinem Haus vorbeiführte, auf der die Militärzüge oftmals vorbeikamen. So habe er an seinem Romanerstling *Vor dem Sturm* zu arbeiten begonnen,

> *während die östreichischen Brigaden unter meinem Fenster vorüberfuhren, und wenn zuletzt die Geschütze kamen, zitterte das ganze Haus, und ich lief ans Fenster und sah auf das wunderbare Bild. Die Lowries, die Kanonen, die Leute hingestreckt auf die Lafetten und alles von einem trüben Gaslicht überleuchtet. Ich wohnte nämlich damals in der Hirschelstraße, […] die Stadtmauer stand noch, und unmittelbar dahinter verliefen die Stadtbahngleise, die den Verkehr zwischen den Bahnhöfen vermittelten.*[8]

(15) Fontane im Jahre 1869.

Ein Rest der in den 1870er-Jahren abgerissenen Stadtmauer in der heutigen Stresemannstraße in Blickrichtung Süden. Diesseits, also im Stadtinneren, verliefen die Bahngleise, jenseits nach rechts hin wohnte Fontane in dem Eckhaus an der Dessauer Straße.

Auch der Triumphzug der siegreichen Truppen führte 1871 – mit Kaiser Wilhelm an der Spitze – an seinem Haus vorbei, und Fontane durfte sich wundern, wie viele gute Bekannte er plötzlich hatte, die das Spektakel von den Fenstern seiner Wohnung aus mitverfolgen wollten.

Im Jahr darauf musste allerdings auch diese Wohnung aufgegeben werden. Das Haus wurde verkauft und sollte saniert werden, eine Verdoppelung der Miete stand zu erwarten. Diesmal sah Fontane dem Wechsel aber sogar mit Freude entgegen. Alles in dem alten Haus sei in einem furchtbaren Zustand, schrieb er an Mathilde von Rohr, und zumal der Hof sehe aus, „als könne er das ganze Geheimratsviertel mit Typhus versorgen". Für seine Lebensverhältnisse aber könne er sich nur wünschen, „dass die nächsten 9 Jahre nicht unglücklicher verlaufen mögen, als die Epoche von 1863 bis 72".[9]

Die neue Wohnung lag im Haus des Johanniterordens Potsdamer Straße 134 c und musste auch zunächst gründlich renoviert werden, doch hat Fontane sie dann bis an sein Lebensende behalten. Sie hatte fünf Zimmer mit einer Wohnfläche von etwa einhundertvierzig Quadratmetern, sein Arbeitszimmer war mit vierzig Quadratmetern das größte davon. Alle seine Romane schrieb Fontane hier, soweit er nicht, was regelmäßig vorkam, auch in seinen „Sommerfrischen" an ihnen arbeitete.

Ein wichtiger gesellschaftlicher Kontakt die ganzen Jahre über war der zu Mathilde von Rohr. Das „Fräulein" aus einem alten brandenburgischen Geschlecht unterhielt in ihrer Wohnung in der Behrenstraße 70 einen kleinen literarischen Salon, in den Fontane Ende 1859 durch seinen Freund Bernhard von Lepel eingeführt wurde. Neun Jahre lang, bis zu

(18) Blick in die Behrenstraße von der Wilhelmstraße aus im Jahre 1896. Vorn das 1890 erweiterte preußische Kultusministerium (eigentlich Ministerium für geistliche, Unterrichts- und Medicinal-Angelegenheiten), dahinter ein älterer Gebäudeteil dieses Ministeriums, an dritter Stelle – mit den Markisen – das Haus Nummer 70, das 1873 das Gebäude ersetzte, in dem Mathilde von Rohr bis 1869 gewohnt hat. Es gehörte der Großherzoglich Badischen Gesandtschaft, beherbergte also eine Landesvertretung in der Reichshauptstadt, wie es sie auch heute in Berlin gibt.

Dieselbe Stelle heute. Das dort noch stehende ältere Gebäude stammt aus den 1920er-Jahren und war das Ministerium für Wissenschaft, Kunst und Volksbildung. Heute befinden sich darin Büros des Bundestages. Das Gebäude dahinter gehört zur Russischen Botschaft, das heißt es bildet die Rückseite des Botschaftsgeländes, das seine Hauptfront zu den „Linden" hin hat.

(16) Potsdamer Straße 134 c. Zu Fontanes Wohnung gehörten die vier Fenster oben rechts. Das Haus, hier 1905 aufgenommen, wurde noch im selben Jahr durch einen Neubau ersetzt.

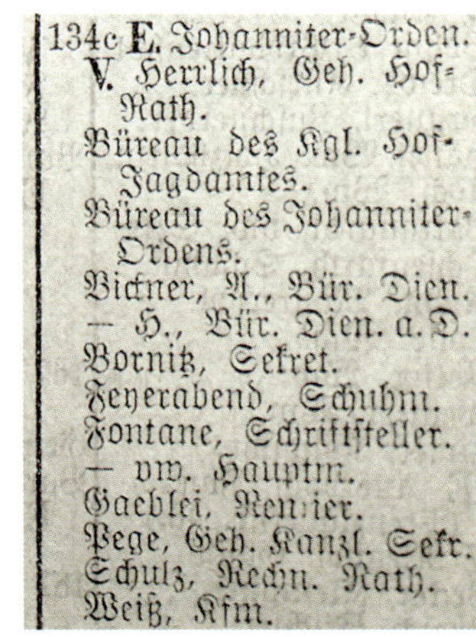

134c E. Johanniter-Orden.
V. Herrlich, Geh. Hof-Rath.
Büreau des Kgl. Hof-Jagdamtes.
Büreau des Johanniter-Ordens.
Bickner, A., Bür. Dien.
– H., Bür. Dien. a. D.
Bornitz, Sekret.
Feyerabend, Schuhm.
Fontane, Schriftsteller.
– vw. Hauptm.
Gaeblei, Rentier.
Pege, Geh. Kanzl. Sekr.
Schulz, Rechn. Rath.
Weiß, Kfm.

Die Mieter des Hauses Potsdamer Straße 134 c im Adressbuch von 1890. Die unter Fontane als – *vw. Hauptm.* eingetragene Frau ist Fontanes Schwiegertochter Martha Fontane, geborene Robert. Sie zog nach dem Tod seines Sohnes George – er war Offizier geworden und starb 1887 in Berlin an einer Blinddarmentzündung – in dieses Haus um, bevor sie 1890 noch einmal heiratete und ihrem Ehemann nach Sagan in Niederschlesien folgte.

ihrem Umzug ins Kloster Dobbertin, waren er und auch seine Frau viele Male bei ihr zu Gast. Für diese Treffen galt, was Fontane später auch über die Nachmittage in der Dichtervereinigung Tunnel über der Spree sagte, der er schon seit 1844 angehörte. Er habe trotz seiner „jämmerlichen Lebensgesamtstellung in jenen Zeiten nicht allzu sehr gelitten, weil er sich jeden Sonntagnachmittag von 4 bis 6 richtig untergebracht gefunden habe, nämlich im Tunnel. Dort machte man einen kleinen Gott aus mir“[11].

In den Sommermonaten allerdings hielt es Fontane in seiner Wohnung schwer aus. Der Landwehrkanal, damals noch mit Abwässern belastet, schickte seine Dünste bis hin zum Potsdamer Platz. „Kleine typhöse Zustände kriechen einem dabei immer durch den Körper“, schrieb er im August 1891 an seine Tochter.[12] Überhaupt litt er in allen seinen Wohnungen an den sanitären Verhältnissen und empfand es schon als einen Segen, dass die Potsdamer Straße 1878 an das Kanalnetz angeschlossen und aus dem Abort im Hof ein Wasserklosett wurde.

(20) Fontane 1894 an seinem Schreibtisch. Für diese aus Anlass des 75. Geburtstages gemachte Aufnahme wurde der Schreibtisch eigens vom Fenster weg in die Mitte des Zimmers gerückt.

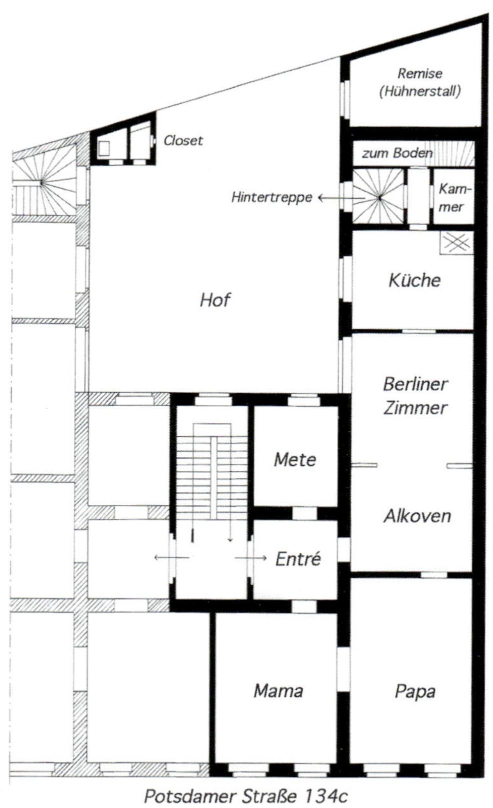

(17) Fontanes Arbeitszimmer, gezeichnet von Marie von Bunsen (1860–1941), und eine Wohnungsskizze. Die Wohnung hatte die für damalige Verhältnisse sehr geringe Deckenhöhe von nur zwei Metern sechzig, was einem der Besucher den Eindruck machte, „als könne man mit ausgestrecktem Arm beinahe die Zimmerdecke berühren", und ihn sich wundern ließ, „dass ein so berühmter Mann in so bescheidenen Räumen wohnte".[10]

(19) Die Potsdamer Straße an der Einmündung der Eichhornstraße um 1900 und heute.

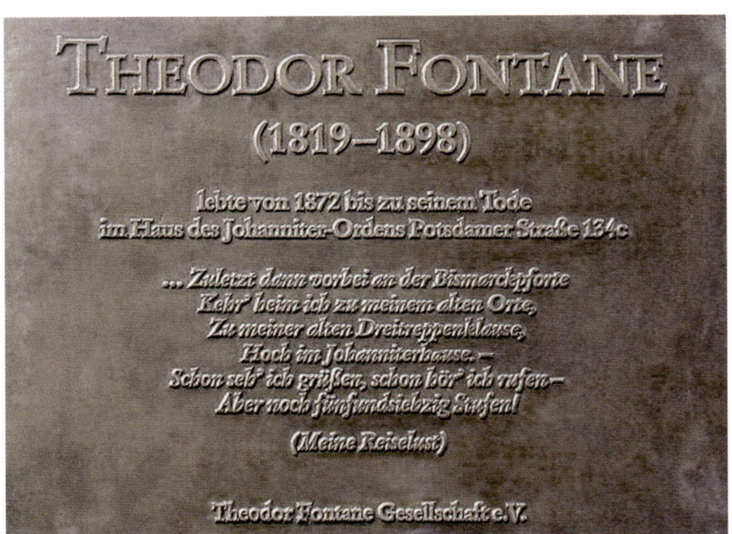

Die Gedenktafel an dem Kaufhaus, das heute in der Alten Potsdamer Straße auf dem Grundstück des Johanniterhauses steht.

Die Gedenktafel zitiert den Schluss des Gedichtes *Meine Reiselust* von 1890, in dem Fontane zunächst ironisch auf seine früheren, die ganze Welt umfassenden Reisewünsche blickt und dann fortfährt:

Jetzt zwischen Link- und Eichhornstraße
Mess' ich meine bescheidenen Maße,
Höchstens bis Königin Luise
Wag' ich mich vor, umschreitend diese,
Bleib' dann ein Weilchen noch in dem Bereiche
Des Floraplatzes, am Goldfischteiche.
Der Wrangelbrunnen bleibt mir zur Linken,
Rechtsher seh' ich Goethe winken.
Zuletzt dann vorbei an der Bismarckpforte
Kehr' heim ich zu meinem alten Orte,
Zu meiner alten Dreitreppenklause
Hoch im Johanniterhause. –
Schon seh' ich grüßen, schon hör' ich rufen
– Aber noch fünfundsiebzig Stufen!

Das Luisen-Denkmal von Erdmann Encke (1843–1896) an der Südseite des Berliner Tiergartens.

Der Wrangelbrunnen am Kemperplatz auf einer Postkarte von 1902. Blick durch die mit zahlreichen Denkmälern geschmückte Siegesallee auf die Siegessäule, die damals noch auf dem Königsplatz – dem Platz dann vor dem Reichstag – stand. Heute befindet sich an dieser Stelle nach links hin die südliche Einfahrt zum Tiergartentunnel, und der Wrangelbrunnen steht an der Urbanstraße in Kreuzberg. Der Brunnen wurde zum Andenken an den 1877 verstorbenen Generalfeldmarschall von Wrangel aufgestellt und symbolisiert die Flüsse Rhein, Elbe, Oder und Weichsel.

Das Goethe-Denkmal von Fritz Schaper (1841–1919) gegenüber dem Stelenfeld am Rande des Tiergartens.

Das 1880 am Ostrand des Tiergartens errichtete Goethe-Denkmal von Fritz Schaper hat Fontane auch in dem Gedicht *Was mir gefällt* von 1886 erwähnt. Er zählt dort auf:

Du fragst: ob mir in dieser Welt
überhaupt noch was gefällt?
Du fragst es und lächelst spöttisch dabei.
Lieber Freund, mir gefällt noch allerlei:
Jedes Frühjahr das erste Tiergartengrün,
oder wenn in Werder die Kirschen blühn,
zu Pfingsten Kalmus und Birkenreiser,
der alte Moltke, der alte Kaiser,
und dann zu Pferde eine Stunde später,
mit dem gelben Streifen der „Halberstädter";
Kuckucksrufen, im Wald ein Reh,
ein Spaziergang durch die Lästerallee,
Paraden, der Schapersche Goethekopf
Und ein Backfisch mit einem Mozartzopf.

Als das Gedicht zu Schaper gelangte, schickte dieser ihm durch seine Frau einen Gipsabguss des „Goethekopfes", „eine sehr hübsche Büste, Lebensgröße, die sich nun zwischen Rauch und dem alten Fritzen sehr gut ausnimmt", wie Fontane im Mai 1894 an seinen Sohn Theodor schrieb.[13] Und zu Pfingsten 1892 erhielt er von einem Unbekannten aus Lichterfelde eine Kiste mit Rosen samt „Kalmus und Birkenreiser".

Die Spaziergänge durch den Tiergarten behielt Fontane bis an sein Lebensende bei. Er fühle sich dabei allerdings immer mehr wie in einem Sanatorium, bemerkte er 1892. „Alles was alt und leidend ist, sucht auf mittäglichen Spaziergängen Zuflucht in ihm, und nur von Blasenleiden, Kathetrisierung und Strahlschen Pillen" werde noch gesprochen.[14]

Das Denkmal Friedrich Wilhelms III. – aufgestellt 1849 zur Erinnerung an dessen Verdienste um den parkartigen Ausbau des Tiergartens. – Der „Riester" ist ein Schuhflicken, von den Berlinern anscheinend auf den etwas grob geratenen rechten Schuh der Denkmalsfigur bezogen.

Mitunter passierte allerdings doch noch Überraschendes. Im Februar 1894 teilt er seiner Tochter mit, er sei kürzlich im Dunklen von hinten angestoßen worden, weil er wie gewohnt mit dem quergelegten Stock im Rücken gegangen sei und jemand das linke Ende nicht gesehen habe.

Ich wollte mich entschuldigen, weil man den Stock nicht so tragen darf, aber im Augenblick wo ich mich wandte, starrte ich in das schwarze Gesicht eines Mohren, der, trotz seiner Abstammung aus Kamerun oder Dar-es-Salaam, im dialektfreisten Deutsch sagte: „entschuldigen Sie, mein Herr". Es hatte was Gespenstisches, so zwischen Königin Luise und Friedrich Wilh. III. mit'm Riester.[15]

Es war die Nähe der Botschaften, die solche Begegnungen schon damals im Tiergarten möglich machte.

Fontane starb am letzten Sommertag des Jahres 1898, er hatte gerade noch die Korrekturen für die Buchausgabe des *Stechlin* fertigstellen können. Begraben wurde er auf dem Friedhof der Französischen Gemeinde an der Liesenstraße.

Als Schriftsteller wirtschaftlich erfolgreich war Fontane im Grunde nie. Was er mit seinen Büchern verdiente, reichte immer nur so hin. An Anerkennung jedoch mangelte es ihm nicht. Je älter er wurde, desto mehr war er ein geachteter Autor, ja manche sahen in ihm schon damals den bedeutendsten Schriftsteller seiner Zeit. 1894 verlieh ihm die Friedrich-Wilhelm-Universität einen Ehrendoktor, noch zu seinen Lebzeiten wurde in Berlin – sehr ungewöhnlich – eine Straße nach ihm benannt, und eine Zeitung gar schrieb 1896, „dass es nur noch drei große Männer in Deutschland gäbe: Bismarck, Menzel und Fontane"[16].

Der Dauerhaftigkeit seines Werkes konnte er sich also gewiss sein, und so bilanzierte er auch die vielen Enttäuschungen seines Lebens zuletzt mit selbstironischem Spott. In seinem Nachlass fand sich das Gedicht *Dreihundertmal*, Ausdruck wirklichen Leides ebenso wie einer darüber erhabenen Gelassenheit, ein sehr berlinisches, ein echtes Fontane-Gedicht eben:

Dreihundertmal hab' ich gedacht:
Heute hast du's gut gemacht,
Dreihundertmal durchfuhr mich das Hoffen
Heute hast du ins Schwarze getroffen,
Und dreihundertmal vernahm ich den Schrei
Des Scheibenwärters: „Es ging vorbei."
Schmerzlich war mir's dreihundertmal –
Heute ist es mir egal.

(21) Die Grabstätte der Eheleute Fontane auf dem Friedhof der Französischen Gemeinde an der Liesenstraße.

Kapitel 2

L'Adultera oder Entlang der Spree

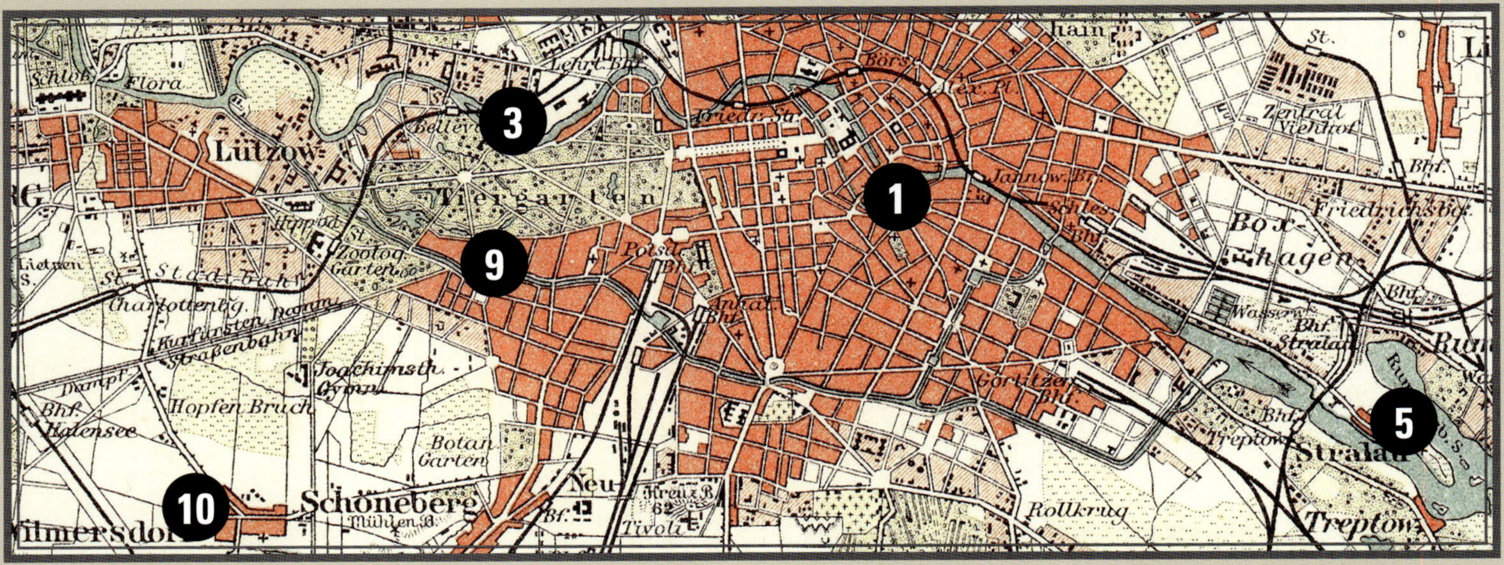

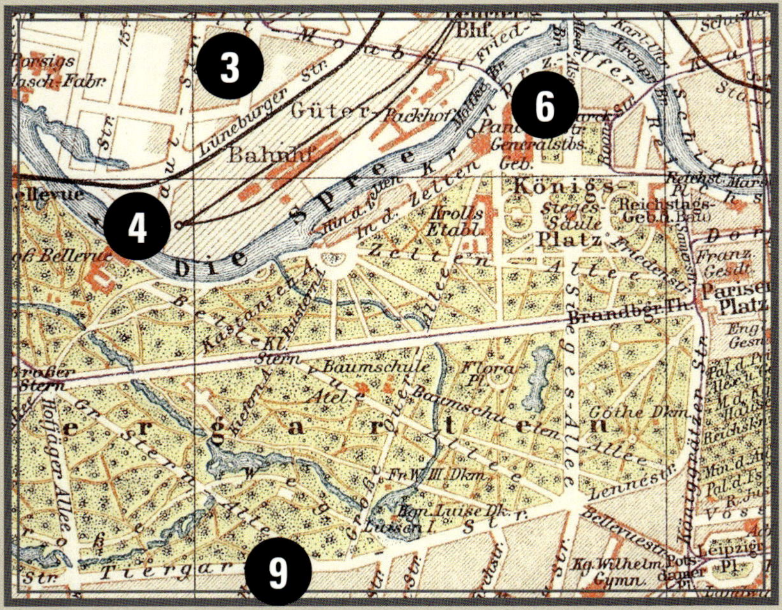

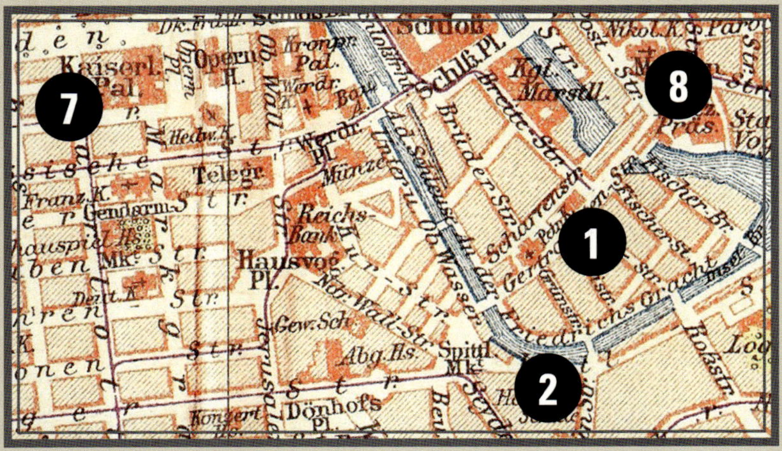

Die Schauplätze von *L'Adultera* in Stadtplänen von 1889

1. Van der Straatens Stadtwohnung an der Petrikirche
2. Ravenés Stadtwohnung an der Wallstraße
3. Ravenés Sommerhaus in der Werftstraße
4. Die Lage der Villa van der Straatens an der Spree
5. Das Gasthaus Tübbecke (Löbbeke) in Stralau
6. Die Wohnung der Gryczinskis in der Alsenstraße
7. Das Kaiserliche Palais Unter den Linden mit dem „Eckfenster"
8. Die Nikolaikirche
9. Die Wohnung Rubehns in der Tiergartenstraße
10. Die Wohnung Rubehns in Wilmersdorf

Der erste Roman Fontanes, der im Berlin seiner Zeit spielt, ist eigentlich sein liebenswürdigster, eine durch und durch stimmige und zugleich glücklich ausgehende Geschichte, wie er sie später so nicht mehr erzählt hat. Sie handelt von einer jungen Frau, die aus einer Ehe mit einem wesentlich älteren Mann ausbricht, erneut heiratet und trotz ihrer Verfehlung mit ihrer neuen Familie gesellschaftlich wieder Fuß fasst. „Ein Ausnahmefall", räumte Fontane selbst ein, „so gut schließt es nicht immer ab", aber eben auch ein Fall, der sich ganz ähnlich in Berlin zugetragen hatte und ein Lied war, „das die Spatzen auf dem Dache zwitschern".[1]

Abgespielt hatte er sich im Hause des Eisengroßhändlers Louis Ravené jr., dessen Tod im Frühjahr 1879 für Fontane auch der Anlass war, sich der Geschichte zuzuwenden. Als „Novelle" bezeichnet, erschien sie 1880 in der Zeitschrift *Nord und Süd* und 1882 als Buch.

Ravené war von seiner zweiundzwanzig Jahre jüngeren Frau Therese 1874 verlassen worden, weil sie von dem jungen Bankkaufmann Gustav Simon ein Kind erwartete. Der Ehemann bot ihr an, das Kind als sein eigenes zu legitimieren, aber sie wollte trotz der drei Kinder, die sie mit ihm schon hatte, geschieden werden und zog nach Aufenthalten in der Schweiz und im Rheinland mit ihrer neuen Familie nach Königsberg. Dort lebte sie mit zuletzt acht Kindern aus dieser Ehe in den besten Verhältnissen. In Berlin war der Fall für einige Zeit Stadtgespräch, selbst Bismarck soll sich gelegentlich erkundigt haben, was es Neues gäbe in der Angelegenheit Ravené.[2]

Fontane erzählt die Geschichte als die des Kommerzienrats Ezechiel van der Straaten und seiner Frau Melanie, die ein Altersunterschied von fünfundzwanzig Jahren trennt. Das Paar hat zwei Töchter, und Melanie ist siebenundzwanzig Jahre alt, als 1875 der junge Bankkaufmann Ebenezer Rubehn als Gast ihres Mannes in ihr Leben tritt. Van der Straaten wie Rubehn sind ihrer Herkunft nach Juden, nur christlich getauft, was eine bemerkenswerte Abweichung von der Vorbildgeschichte darstellt.

Die Ravenés stammten von eingewanderten Hugenotten ab, und auch Gustav Simon hatte – abgesehen von seinem Namensgroßvater – durchweg christliche Vorfahren. Offenbar wollte Fontane den vergleichsweise nachlässigen Umgang, den der Ehebruchsfall durch van der Straaten selbst wie durch die Gesellschaft erfährt, auch durch dessen Randstellung infolge der jüdischen Herkunft wahrscheinlich machen. Denn anders als bei den Simons, die ins ferne Königsberg ziehen, bleiben hier alle in Berlin. „An der Börse galt er bedingungslos, in der Gesellschaft nur bedingungsweise", heißt es gleich eingangs über das Ansehen des Bankiers.

(1) Die zweiundzwanzigjährige Therese mit ihrem vierundvierzigjährigen Gatten Fréderic Louis Ravené und zwei Kindern im Jahre 1867. Ein drittes Kind wurde im Jahr darauf geboren.

Gewohnt haben die Ravenés im Stammhaus der Eisenhandlung Jacob Ravené & Söhne in der Wallstraße nahe am Spittelmarkt. Bei Fontane wohnt die Familie nicht weit weg neben der Petrikirche, hier Große Petristraße genannt. Um die Petristraße, die es damals noch gab, kann es sich dabei allerdings nicht handeln, da sie nur als schmale Gasse auf den Petrikirchplatz mündete, das heißt es kann mit der Bezeichnung eigentlich nur dieser Platz selbst oder die Gertraudenstraße gemeint sein.

Rechts: Die Grünstraßenbrücke heute.

(2) Die Rückseite des Hauses der Ravené-Firma mit dem Spreegraben und der Grünstraßenbrücke um 1890 in einem Gemälde von Julius Jacob (1842–1929).

Die Gertraudenstraße in Richtung Petrikirchplatz auf einer Postkarte von 1905 und heute. Das einzige dort erhaltene Geschäftshaus wurde erst im Todesjahr Fontanes fertiggestellt. Vorn ist jeweils das Straßenstück, das den Spreegraben überquert – die Gertraudenbrücke –, zu sehen. Die Straße für den Autoverkehr verläuft heute weiter rechts und ist wesentlich breiter.

(3) Die Petrikirche um 1860, im Zweiten Weltkrieg zerstört und abgerissen.

Zu Beginn der Handlung finden wir die Eheleute van der Straaten in ihrer Stadtwohnung beim Frühstück. Es ist zeitiges Frühjahr, und „von dem beinahe unmittelbar vor ihrem Fenster aufragenden Petrikirchturme herab schlug es eben neun". Auf dem Kirchplatz beobachtet Melanie ein kleines Mädchen, das „auf und ab lief und seine Schäfchen, wie zur Weihnachtszeit, an die Vorübergehenden feilbot" – selbstgefertigtes Spiel- oder Schmuckwerk, wie es damals überall in Berlin zur Weihnachtszeit angeboten wurde.

Der für die Handlung maßgebliche Moment ist aber, dass alsbald ein Gemälde angeliefert wird, das sich der Bildersammler van der Straaten aus Venedig als Kopie hat kommen lassen. Es ist eine *Ehebrecherin vor Christus* von Jacopo Tintoretto, eines von mehreren Gemälden dieses Motivs von Tintoretto, das im Unterschied zu den anderen die L'Adultera-Figur nahezu lebensgroß zeigt. Melanie versteht das Bild als Mahnung, bekennt aber auch, dass diese Ehebrecherin eher rührend auf sie wirke. „‚Es ist so viel Unschuld in ihrer Schuld ... Und alles wie vorherbestimmt'", befindet sie und nimmt damit ihr eigenes Tun und ihren eigenen Weg vorweg.

Bald darauf nämlich kündigt ihr Ehemann ihr einen „Logierbesuch" an, den Volontär Rubehn aus einem befreundeten Frankfurter Bankhaus. Melanie erklärt ihm rundheraus, dass ihr „etwas Christlich-Germanisches lieber gewesen wäre", sagt dann aber, als sie ein Bild von ihm zu sehen bekommt, dass ihr der Mann gefalle. Und schon nach wenigen Begegnungen mit ihm wird die gegenseitige Neigung offenbar.

Bevor Rubehn eintrifft, gibt van der Straaten aber eine Tischgesellschaft, ein „Spät-Dinner", wie es heißt, da man sich erst abends um sieben Uhr versammelt und nicht schon um vier oder fünf, wie sonst damals üblich. Es sei aber ein Unterschied „zwischen einer um vier Uhr künstlich hergestellten und einer um sieben Uhr natürlich erwachsenen Dunkelheit", erklärt van der Straaten selbst diese Gewohnheit.

Gespeist wird im Vorraum seiner privaten Gemäldegalerie – auch wiederum eine Parallele zu Louis Ravené, der in seinem Wohn- und Geschäftshaus an der Wallstraße eine von seinem Vater übernommene Gemäldesammlung öffentlich zugänglich gemacht hatte. Bis zu ihrer Zerstörung in den Bombardements des Zweiten Weltkrieges war die Galerie Ravené eine auch in Reiseführern genannte Sehenswürdigkeit. Dass Fontane sie gekannt hat, steht außer Frage. Van der Straaten nennt ein Bild aus dieser Galerie sogar sein Eigentum, die *Mohrenwäsche* von Carl Begas.

(4) Ausschnitt aus W. Papes *Adventssonntag (1897)*. Das Mädchen links hält in ihrem Kasten die erwähnten Schäfchen feil.

(5) Jacopo Tintoretto (1518–1594): *Cristo e l'Adultera (um 1540).* Das Gemälde wird wegen seines schlechten Zustandes seit vielen Jahren von den Gallerie dell' Accademia in Venedig nicht mehr gezeigt und ist nur in alten Schwarz-Weiß-Abbildungen zugänglich. Außerdem wird es heute dem deutschen Maler Hans Rottenhammer (1564–1625) zugeschrieben.

(6) Carl Joseph Begas (1794–1854): *Die Mohrenwäsche (1841).* Das Bild aus der Galerie Ravené ging bei der Bombardierung Berlins verloren, war aber in Kopien und Reproduktionen weit verbreitet.

(7) Bartolomé Esteban Murillo (1618–1682): *La Immaculata (um 1660).*

Die Normaluhr am Spittelmarkt auf einer Postkarte.

(8) Die Oberwallstraße mit dem Durchgang zu Unter den Linden auf einem Foto von 1910. Hinten links das Kronprinzessinnen-, rechts das Kronprinzenpalais.

Die Gäste bei diesem Dinner begleiten auch das weitere Geschehen. Es sind dies Melanies Schwester Jacobine mit ihrem Gatten Major Gryczinski, ein Legationsrat Duquede, der, weil er alles für „überschätzt" erklärt, als „Negationsrat" tituliert wird, ferner ein Polizeirat Reiff sowie zwei Kunstmaler. Die Gespräche bei Tisch kreisen um Bismarck und seine radikal unkonventionelle Politik, um die „behexende" Musik Richard Wagners und zumal um die Malerei. Hier besonders kann van der Straaten seiner Neigung frönen, sich in allerlei Anzüglichkeiten zu ergehen. In diesem Falle sind es die allzu sinnlich wirkenden Madonnen von Murillo, die ihn herausfordern. Als „Brütofen der Heiligkeit" bezeichnet er eine auf einer Mondsichel stehende und auf ihre Empfängnis wartende *Immaculata*, und Melanie muss ihn zu seinem Ärger wieder einmal mahnen, die Grenzen des Anstands nicht zu verletzen. „‚Du vergisst, Ezel, dass der Polizeirat katholisch ist'", erinnert sie ihn. Der aber wehrt eilig ab und will es nicht gelten lassen, ganz so, „als ob er auf etwas Unerlaubtem ertappt worden wäre".

Die Heimfahrt zu ihrer Wohnung in der Alsenstraße treten die Gryczinskis mit den beiden Malern in van der Straatens Equipage an und berühren dabei einige markante Plätze. Vom Petrikirchplatz fahren sie zunächst an der Normaluhr am Spittelmarkt vorbei, dann geht es durch die Niederwallstraße – einst Fontanes Schulweg – auf die „Linden" zu und durch das Wallstraßen-Portal hinaus „auf den abendlich-stillen Opernplatz". Dort wendet Jacobine ihre Blicke dem Kaiser-Wilhelm-Palais zu, „weil sie jenen Allerloyalsten zugehörte, die sich schon beglückt fühlen, einen bloßen Schattenriss an dem herabgelassenen Vorhang des Eckfensters gesehn zu haben. Und wirklich, sie sah ihn und gab in ihrer reizenden, halb kindlich, halb koketten Weise der Freude darüber Ausdruck".

Wilhelm I. wohnte schon als Kronprinz in dem Palais am Monument Friedrichs des Großen und zog auch als Kaiser nicht in das große Schloss um. Er zeigte sich regelmäßig zur Mittagsstunde, wenn schräg gegenüber die Wache aufzog, an einem der Fenster seines Arbeitszimmers (links parterre), was nahezu zwanghaft dann dazu führte, dass jeder daran Vorbeikommende seinen Blick dorthin richtete.

Am Brandenburger Tor steigen die beiden Maler aus der Equipage aus, und die Gryczinskis fahren allein „durch die breite Schrägallee auf das Siegesdenkmal und die dahintergelegene Alsenstraße zu", dabei den Königsplatz überquerend, der „von bunten Lichtern überstrahlt" ist.

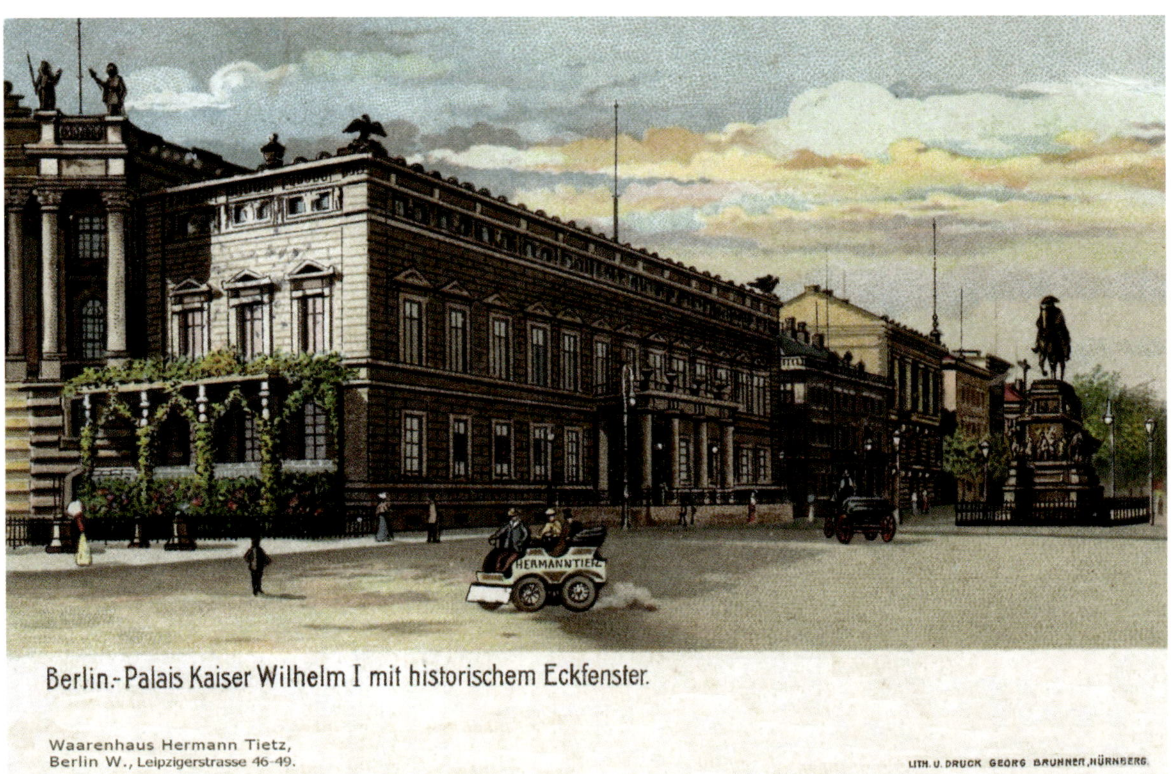

Das kaiserliche Palais mit seinem „Eckfenster".

DEM DEUTSCHEN VOLKE

Linke Seite: (9) Der Königsplatz mit dem Palais Raczynski. An seiner Stelle wurde von 1884 bis 1894 das Reichstagsgebäude errichtet. Das „Siegesdenkmal" – die Siegessäule – ist auch der Standort des Fotografen.

(10) Der Königsplatz 1881 vom Palais Raczynski aus gesehen. Die damals noch um eine Trommel niedrigere Siegessäule wurde 1938 an den Großen Stern umgesetzt. Hinter der Säule das Gartenlokal Kroll, die spätere Krolloper, rechts das Gebäude des Generalstabs. Die Alsenstraße führte dort vorbei zur Alsenbrücke über die Spree. Auf der Fläche des Generalstabsgebäudes steht heute das Bundeskanzleramt.

(12) Die Villa Ravené in der Werftstraße in Moabit, erbaut 1864. Links das Palmenhaus, das auch in *L'Adultera* eine Rolle spielt. An die Spree – wie bei Fontane – grenzte das Grundstück allerdings nicht an. – Nach Ravenés Tod wurde das Gelände verkauft, die Villa abgerissen und ein Mietshaus an seiner Stelle errichtet. Auch heute stehen Wohnblocks in der Werftstraße.

(11) Der Eingangsbereich der Ravené-Villa.

Rechte Seite: (13) Das Restaurant Tübbecke, Alt-Stralau 22, um 1920 und die Gartenseite auf einer Postkarte von 1904.

Bald nach dem Dinner am Petrikirchplatz zieht Melanie mit ihren Kindern in die Sommervilla van der Straatens um, ein großes Anwesen am nördlichen Rand des Tiergartens jenseits der Spree und damit eben dort gelegen, wo auch Louis Ravené jr. eine opulente Villa besaß. Dass Fontane diese Villa gekannt hat, ist nicht anzunehmen. Er hat sich aber eine Zeitungsanzeige ausgeschnitten, in der nach Ravenés Tod zu einer Pflanzenversteigerung in dessen Treibhäusern eingeladen wurde, unter genauer Angabe der Adresse „Villa Ravené, Moabit, Werftstraße 4". Andere Einzelheiten konnte er von seiner Frau erfahren, die mit einer für die Ravenés tätigen Gouvernante befreundet war. Trotzdem war er am Ende erstaunt, dass alles in seinem Roman, selbst für die Nebenpersonen, „in geradezu lächerlicher Weise genau zutraf"[3].

Hier draußen macht eines Tages Ebenezer Rubehn seinen Antrittsbesuch, und über eine gemeinsame Vorliebe für Richard Wagner – aus der Sicht Fontanes nicht unbedingt eine Empfehlung – stellt sich schnell ein Gefühl geistiger Verwandtschaft zwischen ihm und Melanie ein. Aber auch das südländische Flair des Hauses und des Parks gefallen dem Besucher. „‚Welch ein Zaubergarten, in dem Sie leben'", ruft er aus, „‚als wäre diese Veranda der Markusplatz oder die Insel Cypern in Person!'"

Nach einer Reihe von Besuchen in der Villa – van der Straaten nimmt Rubehn an den Wochenenden immer mit hinaus – gibt eine Landpartie Anlass zu einer weiteren Annäherung. Man fährt nach Stralau, einem kleinen Dorf an der Spree östlich von Berlin, das damals wegen eines jährlichen Volksfestes, des Stralauer Fischzugs, weithin bekannt war. Auch diesmal steht das Fest bevor – es fand immer am 24. August statt –, aber van der Straaten findet es „etwas derb und nicht allzu günstig für Wiesenwachs und frischen Rasen" und setzt den Ausflug deshalb eine Woche vorher an. Man trifft sich in „Löbbekes Kaffeehaus", einem Lokal, das Fontane später offen als das Gasthaus Tübbecke benennen wird. Es ist ein Haus „wie das Pfefferkuchenhaus im Märchen, bräunlich und appetitlich und so niedrig, dass man bequem die Hand auf die Dachrinne legen konnte". Zum Spreeufer hin hat es einen „nach Art eines Treibhauses angelegten Glasbalkon", in dem die kleine Gesellschaft Platz nimmt. Gelobt wird sogleich der Blick auf die Stadt, „die flussabwärts im rot- und golddurchglühten Dunst eines heißen Sommertages dalag", mitten darin die Schlosskuppel, durch die sich van der Straaten an Venedigs Santa Maria della Salute erinnert fühlt.

(14) Karl Friedrich Schinkel (1781–1841): *Spreeufer bei Stralau (1817).* Das berühmte Bild aus der Nationalgalerie Berlin gibt die in *L'Adultera* geschilderte Stimmung so gut wieder, dass es für Fontane, der es kannte, sogar eine Anregung für die Szene gewesen sein könnte. Die Schlosskuppel ist allerdings nicht darauf zu sehen, sie wäre rechts hinter den Bäumen zu suchen. – Einen Brückenbogen, wie von Schinkel zur Rahmung benutzt, hat es am Südende der Stralauer Halbinsel jedoch nicht gegeben, und der Turm der Kirche stand so nur noch bis 1823 und wurde dann durch den heutigen ersetzt.

(15) Das Spreeufer nördlich der Stralauer Kirche in einer Zeichnung von W. Loeillot aus dem Jahre 1833. Eines der Häuser an dieser Uferseite wurde später Tübbeckes Kaffeehaus.

Rechte Seite: Der Blick auf das Stralauer Ufer heute.

Im Gegensatz zu der schönen Szenerie kommt zwischen den Eheleuten bald eine gereizte Stimmung auf. Van der Straaten kann es wieder einmal nicht lassen, allerlei Anzügliches von sich zu geben. Besonders die blonde Wirtin mit ihren runden Formen hat es ihm angetan. Er nennt sie eine „Venus Spreavensis" in Gleichsetzung mit einer „Venus Kallipygos", also einer mit schönem Hintern, und will von Melanie ein Distichon hören, über das sie einmal gelacht habe, weil von „Pfirsichflaum" darin die Rede gewesen sei. Melanie, die von der Redeweise ihres Gatten „schon Hunderte von Malen in Verlegenheit gebracht" worden ist, sieht sich bloßgestellt und empfindet zum ersten Mal, dass sie sich seiner schämt.

Bei der nächtlichen Bootsrückfahrt nach Treptow mit Rubehn allein – sie werden gerudert – spricht sie sich mit ihm über ihren Kummer aus. Von fern her klingt Gesang über die Spree, die Ballade *Schön-Rohtraut* von Eduard Mörike, in der ein Knappe das Wohlgefallen einer Königstochter erregt, und Melanie kann sich kaum mehr verbergen, dass sie im Begriff ist, sich mit Rubehn auf ein Verhältnis einzulassen.

Eine Gelegenheit oder richtiger: eine Verführung dazu ergibt sich, als Rubehn wieder einmal draußen in der Sommervilla vorspricht und van der Straaten unterwegs ist. Melanie will ihm das Palmenhaus zeigen, der weit gereiste Mann, erklärt sie dem Gärtner, wolle „‚einmal sehen, was wir haben und nicht haben'". Das leicht Hintersinnige der Formulierung ist natürlich nicht ihr, sondern Fontane zuzurechnen, der so schon andeutet, was geschehen wird. In der tropisch schwülen Umgebung mit Rubehn allein kann Melanie seinem Liebeswerben nicht mehr widerstehen, „und die Rüstung ihres Geistes lockerte sich und löste sich und fiel".

Bald wird wahrgenommen, dass Rubehn oft die mit Melanie befreundete Anastasia Schmidt aufsucht, und ihre Umgebung beginnt zu ahnen, dass er sich heimlich mit ihr selbst dort trifft. Nur van der Straaten ahnt nichts, auch nicht, als Melanie ihm zu Weihnachten eröffnet, dass sie ein Kind erwarte. Erst als sie ihm wenig später erklärt, dass sie ihn deshalb verlassen werde, erkennt er den Zusammenhang. Nachhaltig erschüttert ist er jedoch nicht, findet vielmehr, dass nichts weiter Schlimmes dabei sei, und will das Kind annehmen wie sein eigenes. Das jedoch will Melanie nicht gelten lassen. Sie „fühlte deutlich, dass das Geschehene verzeihlicher war als seine Stellung zu dem Geschehenen", und reist mit Rubehn ab.

Da van der Straaten in die Scheidung einwilligt, kann sie Rubehn in Rom – bei einem anglikanischen Pfarrer – heiraten, bringt dann in Venedig ihr Kind zur Welt und kehrt ein Jahr nach ihrem Weggang mit ihrer neuen Familie nach Berlin zurück. Man mietet eine „reizende Mansarde" am Westrand des Tiergartens nahe der Hofjägerallee, wo auch der „Negationsrat" Duquede „sehr hoch, aber in einem sehr vornehmen Hause" seine Wohnung hat. Die betreffende Gegend war um 1880 noch wenig bebaut, und allein wohl nur das Eckhaus an der Hohenzollernstraße war eines mit Mansarden[4], sodass es Fontane vielleicht im Sinn gehabt hat.

Das Glück in dem neuen Heim ist allerdings unvollkommen, da das Paar gesellschaftlich isoliert ist. Auch wünscht sich Melanie ihre Kinder wiederzusehen, und so ist sie erleichtert, als eines Tages eine ältere Freundin des Hauses van der Straaten bei ihr erscheint, um Kontakt aufzunehmen. In der Wohnung der Schwester wird ein Treffen mit den beiden Mädchen arrangiert, doch es verläuft enttäuschend. „‚Wir haben keine Mutter mehr'", sagt die Ältere der beiden böse und zieht die Jüngere mit sich fort. Dieser wirkliche Vorfall im Haus Ravené, von dem Fontane durch seine Frau unterrichtet war, kommt auch in Effis unglücklichem Wiedersehen mit ihrer Tochter noch einmal vor.

Melanie ist sich ihrer Schuld bewusst und sucht Trost in einem Kirchenbesuch. Sie wählt den weiten Weg zur Nikolaikirche und gerät dort – es ist der Abend des Ostermontags –

(16) Das 1870 erbaute Haus Tiergartenstraße 23, Ecke Hohenzollernstraße, also nahe der Hofjägerallee, dürfte damals das einzige Haus mit Mansarden in dieser reinen Villenstraße gewesen sein.

Um 1940 wurde auf dem Grundstück Tiergarten-, Ecke Hohenzollernstraße (heute Hiroshimastraße) die Italienische Botschaft errichtet.

Rechte Seite: (17) Das Innere der Nikolaikirche um 1910 und heute.

in einen Armengottesdienst, zu dem sich nur Mädchen aus einem Waisenhaus eingefunden haben. Aber wie der Ehebrecherin vor Christus wird auch ihr hier die Gewissheit, dass ihr vergeben werden kann.

Sie begrüßt es deshalb auch wie eine Prüfung, als Rubehn ihr eröffnet, dass das Bankgeschäft seines Vaters in Konkurs gegangen sei und sie ihr Leben so nicht fortsetzen könnten. Sie ziehen in eine schlichtere Wohnung nach Wilmersdorf um, Rubehn muss sich mit einer bescheidenen Bankanstellung begnügen und Melanie verdient Geld als Sprachlehrerin hinzu.

Dieses Durchhalten versöhnt alsbald die Gesellschaft, sodass selbst van der Straaten sich arrangieren muss. Eines Tages berichtet das Schweizer Kindermädchen, das sich die beiden trotz ihrer beengten Verhältnisse leisten, dass zwei Herren im Tiergarten sich über das von ihr betreute Kind unterhalten hätten und der eine, als er gehört habe, von wem es sei, um seine Fassung gerungen, dann aber gesagt habe, dass es ein hübsches Kind und ganz die Mutter sei. Der andere aber habe es nicht zugestehen wollen und gesagt: „,Übertax' es nit. Es gibt mehr so. Un's ischt e Kind aus'm Dutzend'", was natürlich nur der „Negationsrat" an der Seite van der Straatens gewesen sein kann.

Zu Weihnachten trifft dann ein Julklapp-Päckchen bei Melanie ein, in dem sich ein Medaillon verbirgt. Es zeigt die Ehebrecherin aus dem Bild von Tintoretto, von der sie einst bemerkt hatte, es sei soviel Unschuld in ihrer Schuld. Sie will das Bildchen in Demut tragen, doch Rubehn reagiert nüchterner. „,King Ezel in all his glories!'", sagt er. „,Immer derselbe. Wohlwollend und ungeschickt.'" Aber eigentlich sind beide nun glücklich, „und eine Stunde später brannten ihnen die Weihnachtslichter in einem ungetrübten Glanz".

Kapitel 3

Irrungen, Wirrungen und der Westen

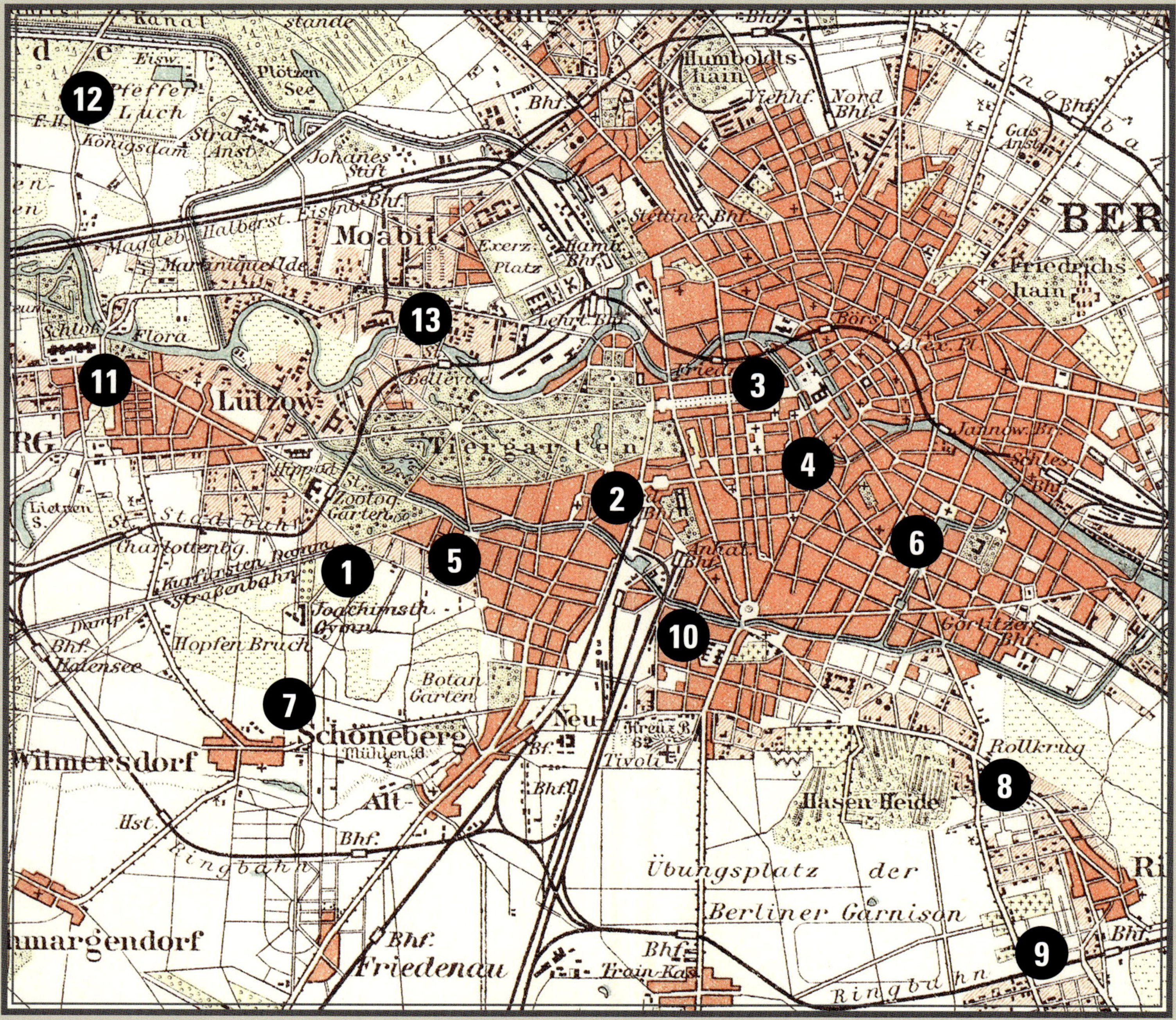

Die Schauplätze von *Irrungen, Wirrungen* in einem Stadtplan von 1894

1 Die Dörr'sche Gärtnerei am Zoologischen Garten
2 Bothos Wohnung in der Bellevuestraße
3 Bothos Kaserne an der Dorotheenstraße
4 Lenes Arbeitgeber am Spittelmarkt
5 Bothos Wohnung in der Landgrafenstraße
6 Lenes Wohnung am Luisenufer
7 Der Spaziergang nach Wilmersdorf
8 Der Rollkrug
9 Der Neue St. Jacobi-Kirchhof
10 Das Weißbierlokal Puperitz
11 Das Charlottenburger Schloss
12 Der Gedenkstein für Hinckeldey
13 Die Borsig'schen Eisenwerke

Der nächste, ganz im Berlin seiner Zeit spielende Roman Fontanes ist *Irrungen, Wirrungen*, vorabgedruckt im Sommer 1887 in der *Vossischen Zeitung* und im Jahr darauf veröffentlicht als Buch. Im Unterschied zu *L'Adultera* ist es eine komplett erfundene Geschichte, zugleich aber eine so typische, dass ähnliche Fälle jeder kannte und sich bei Fontane eines Tages sogar eine Frau meldete, die erklärte, sie sei die von ihm geschilderte Hauptperson.[1]

Es ist die Geschichte der dreiundzwanzigjährigen Lene Nimptsch – auf Slawisch das Wort für deutsch –, die sich ihr Brot durch Nähen und Sticken in Heimarbeit verdient. Sie lebt mit ihrer Adoptivmutter bei dem Gärtnerehepaar Dörr, von ihren Eltern weiß man nichts. Viele Leser, die an ihrer Liebschaft mit dem Baron und Kaiser-Kürassier-Leutnant Botho von Rienäcker innerlich Anteil nahmen, sahen darin einen Hinweis, dass sie vielleicht adeliger Abkunft und womöglich eine Erbtochter sei, sodass es am Ende zu einer Heirat wie in den Romanen der Marlitt kommen könnte. Doch sie wurden enttäuscht, Lenes unbestimmte Herkunft soll nur ihr natürlich-vornehmes Wesen erklären, das in ihrem Milieu sonst nicht ganz glaublich gewesen wäre.

(1) Der Zoologische Garten im Jahre 1873 in einer Zeichnung von Christian Adolf Eltzner (1816–1891), gesehen von Osten. Das bei Fontane genannte Elefantenhaus wurde erst 1875 gebaut, ist hier also noch nicht zu sehen. Die Dörr'sche Gärtnerei ist nach links hin anzunehmen, dort, wo heute der Haupteingang ist.

Die Dörr'sche Gärtnerei liegt am Schnittpunkt von Kurfürstendamm und Kurfürstenstraße, einer Fläche, die 1875, als die Geschichte beginnt, noch unbebaut war und auf der heute das Europa-Center steht.

Den Zoologischen Garten allerdings gab es schon, man sieht „auf die phantastischen Türme des Elefantenhauses", und wenn Lene und Botho abends draußen sitzen, hören sie von dort Musik oder sehen auch einmal ein Feuerwerk.

Kennen gelernt hat Lene den stattlichen jungen Mann zu Ostern beim Rudern auf der Spree vor Stralau und damit eben dort, wohin die Handlung auch in *L'Adultera* führt. Botho hat sie und ihre Freundin vor einem Zusammenstoß mit einem Dampfer bewahrt, und „auf der Landungsbrücke bei Tübbeckes" bietet er ihr seine Begleitung für den Heimweg an. Seither kommt er mehrmals in der Woche zu ihr, sitzt abends lange mit ihr im Garten und bleibt wohl auch zur Nacht, was Fontane allerdings mit keinem Wort weiter berührt.

In der kleinen Welt der Gärtnerei drehen sich die Gespräche um Bothos Lebensverhältnisse und seine Zukunft – Lene sieht voraus, dass er sie eines Tages verlassen und eine Frau aus seinen Kreisen heiraten wird. Sie will aber weiter nichts von ihm, kein Geld, keine Geschenke, nichts als das Glück des Augenblicks. Und Botho denkt über die Zukunft am liebsten nicht nach, er möchte sich nur so lange wie möglich diesen von allen Ansprüchen freien Umgang erhalten.

(2) Im Berliner Zoo vor dem Elefantenhaus. Zeichnung von 1883.

Botho hat in der Bellevuestraße „eine zwischen einem Front- und einem Gartenbalkon gelegene Parterrewohnung inne: Arbeitszimmer, Esszimmer, Schlafzimmer, die sich sämtlich durch eine geschmackvolle, seine Mittel ziemlich erheblich übersteigende Einrichtung auszeichneten". Sie liegt auf der im Bild linken Seite der Straße, wie sich aus der Angabe zu dem der Nachmittagssonne ausgesetzten Hinterzimmer ergibt. Vielleicht hatte Fontane das Haus Nummer 14 dafür vor Augen, an dem er auf seinen Spaziergängen in den Tiergarten nahezu täglich vorbeikam.

(3) Die Bellevuestraße um 1908 und heute. Die rechte Straßenseite wurde nach ihrer Zerstörung im Zweiten Weltkrieg nicht wieder bebaut.

Zwei Häuser weiter nach links zum Potsdamer Platz hin hatte überdies seine Familie vor der Übersiedlung nach London für ein Jahr gewohnt und war auch er selbst 1857 für wenige Wochen ansässig gewesen. Botho jedenfalls sieht, als er durch den Vorgarten die Straße betritt, abwechselnd „auf das Tor und dann wieder nach dem Tiergarten zu", kann also nach rechts die Torhäuser am Potsdamer Platz und nach links die Tiergartenstraße sehen.

Das Glanzstück in Bothos Wohnung ist ein *Seesturm* von Andreas Achenbach, ein Lotteriegewinn, der ihn zum Bilderliebhaber werden ließ. Beim Gang über die „Linden" bleibt er deshalb auch gern vor den Kunsthandlungen stehen, die es dort zahlreich gibt, zum Beispiel vor Lepke nahe dem Brandenburger Tor, wo ihm ein paar Oswald Achenbachs, des jüngeren Bruders seines Achenbachs, ins Auge fallen.

Unter den Linden ist Botho beinahe täglich unterwegs, weil er seinen Dienst bei den Kaiser-Kürassieren versieht, das heißt im Garde-Kavallerie-Regiment, das seine Kaserne an der Dorotheenstraße im Bereich der heutigen Staatsbibliothek hatte. So will sich auch sein Onkel dort mit ihm treffen, als er von seinen Gütern in der Neumark für zwei Tage nach Berlin kommt.

(4) Das 1875 erbaute Haus Bellevuestraße 14.

Andreas Achenbach (1815–1910): *Seesturm* (Privatbesitz). Es gibt etliche solcher Seesturmbilder von Achenbach, sodass ein bestimmtes sicherlich nicht gemeint ist.

Rechte Seite: (5) Die Kunsthandlung Lepke, Unter den Linden 4 a, links neben dem 1883 neu errichteten Kultusministerium.

(6) Das untere Ende der Prachtstraße Unter den Linden im Jahre 1871 in einer Zeichnung von Christian Adolf Eltzner (1816–1891).

N.L.
LEPKE

Kavallerie-Kaserne

Botho hat bis zu der verabredeten Mittagsstunde noch Zeit für einen kleinen Spaziergang durch das Brandenburger Tor bis zur Wolff'schen Löwengruppe, bei der er dann aber umkehrt, um rechtzeitig am Restaurant Hiller zu sein. Ein Leser des Vorabdrucks beanstandete, dass die für den gesamten Weg anberaumte halbe Stunde zu kurz sei, und Fontane bedankte sich artig und wollte es in der Buchausgabe ändern.[2] Aber er ließ es dann doch, wie es war, wie denn auch sonst bei ihm die in Berlin zurückgelegten Wege oft recht weit sind und die dafür angesetzten Zeiten mitunter knapp.

Auf dem Rückweg sieht Botho „vor dem Redern'schen Palais" seinen Freund Wedell von den Garde-Dragonern auf sich zu kommen und schlägt ihm vor, ihn zu Hiller zu begleiten. Offenbar will er abwenden, dass ihn der Onkel allzu ungeniert nach seinen Zukunftsplänen fragt.

Linke Seite: Die um 1875 im Tiergarten aufgestellte Löwengruppe von Wilhelm Wolff (1814–1887).

(7) Das Brandenburger Tor von der Tiergartenseite um 1880.

(8) Unter den Linden 1: Das Palais des Grafen Redern, 1835 durch Karl Friedrich Schinkel (1781–1841) gestaltet, wurde 1907 durch das Hotel Adlon ersetzt, dessen Neubau auch heute (mit der Hausnummer 77) hier steht.

Ein paar Schritte die „Linden“ hinunter sind sie linker Hand bei Hiller, einem der besten Restaurants der Hauptstadt. Man wählt ein „mäßig großes, mit einem lederfarbenen Stoff austapeziertes Zimmer, das trotz eines breiten und dreigeteilten Fensters wenig Licht hatte, weil es auf einen engen und dunklen Hof sah“. Der Onkel bestellt zu der geplanten Mahlzeit, Frühstück genannt, einen Hummer, Chablis und später Champagner.

Bothos Rechnung, dass in Anwesenheit Wedells Privates nicht zur Sprache kommen werde, geht allerdings nicht auf. Zwar wird zunächst über Politik gesprochen – wie fast immer bei Fontane geht es kritisch um Bismarck –, aber dann nutzt der Onkel ein Stichwort und geht geradewegs auf die Heiratsfrage los. Bothos Cousine Käthe von Sellenthin sei jetzt im richtigen Alter und werde nicht ewig warten, er solle wahr machen, was zwischen den Familien längst beschlossen sei. Er bekomme mit ihr nicht nur eine entzückende Frau, sondern auch ein halbes Dutzend Güter, mit denen er sich und die Seinen von allen Sorgen befreien könne. Denn, wie es bald darauf im Kreise seiner Kameraden heißt, „er hat 9000 jährlich und gibt 12000 aus“, da ist eine „gute Partie“ das Einzige, was ihn retten kann.

Lene gegenüber wagt Botho diese Entwicklung nicht anzudeuten, wie vorher hält er sich regelmäßig bei ihr und den Gärtnersleuten auf. Einmal auch macht er mit ihr und Frau Dörr einen längeren Spaziergang durch die Feldmark auf Wilmersdorf zu, wo unterwegs in einem Tümpel sogar ein Storch zu beobachten ist (sofern er hier nicht nur wegen der symbolischen Bedeutung zur Stelle sein muss). Ein Bild von 1845 verdeutlicht, wie man sich dieses Nebeneinander von Stadt und Umland vorzustellen hat.

Bei einem Lokal mit einer Kegelbahn lassen sich die drei auf einem hohen Unkrauthaufen nieder – durchaus beziehungsreich – und sehen auf den Kirchturm und die nördliche Häuserreihe von Wilmersdorf. Der Kirchturm wird noch wiederholt als Bezugspunkt für diesen Ausflug genannt. Später bemerkt ihn auch Bothos Frau Käthe und findet ihn komisch, er sehe aus „wie dreimal eingeknickt“.

(9) Die Nordseite der „Linden“ in Richtung Brandenburger Tor mit dem Restaurant Hiller in Nummer 62/63 (das dritte Haus von rechts mit den beiden Erkern) und eine Postkarte des Lokals.

Zurück in der Gärtnerei, wird für eines der folgenden Wochenenden eine Landpartie mit Übernachtung in Hankels Ablage verabredet, einem bei Zeuthen an der Dahme liegenden Gasthof (Fontane schreibt irrtümlich „Spree“), von dessen Schönheit und Einsamkeit Botho „wahre Wunderdinge“ gehört hat. Es ist auch der Ort, an den sich Fontane im Frühjahr 1884 und 1885 zur Arbeit an dem Roman zurückgezogen hat. Ende Juni fahren Botho und Lene mit dem Görlitzer Zug nach dort hinaus, und es scheinen ihnen zwei harmonische Tage bevorzustehen.

(10) Die Dorfkirche von Wilmersdorf um 1885, zwölf Jahre später durch einen Neubau ersetzt.

(11) Leopold Zielcke (1791–1861): *Vor den Toren Berlins (1845).* Das Bild zeigt die Jungfernheide am nordwestlichen Stadtrand. Die Absperrungen gelten Schießständen, und die Schornsteine gehören zu Fabriken in Moabit.

Hankels Ablage empfängt sie auch mit allen seinen Vorzügen. Am Spätnachmittag rudern sie ein Stück hinaus und erfreuen sich ihres Alleinseins und der Harmonie der Natur. Schon allerdings in ihren Gesprächen klingt das Zukunftslose ihres Glückes an, und am Abend ist Lene unwohl, sodass sie vorzeitig das gemeinsame Zimmer aufsuchen muss. Hier hängen ein paar Stiche mit englischen Unterschriften an den Wänden, die ihr, weil sie sie nicht versteht, erneut bewusst machen, welche Kluft sie von Botho trennt.

Noch mehr verstimmt sie aber ein Bild mit einer harmlosen Liebesszene, obwohl sie es auch anderswo schon gesehen hat. Es heißt *Si jeunesse savait*, und wohl wegen der offensiv-zärtlichen Geste der Frau fühlt sie sich von ihm „wie von einer Verzerrung ihres eigenen Gefühls beleidigt". Um mit sich ins Reine zu kommen, setzt sie sich an das geöffnete Fenster, legt ihren Arm wie eine Maria Magdalena büßend um das Fensterkreuz und erfährt aus der nächtlichen Stille die Gewissheit, dass sie sich ihrer Liebe nicht zu schämen braucht.

(12) Unbetiteltes Aquarell von Otto Scherfling (1828–1881) aus der Umgebung Berlins. Landschaftsbild und Lage der Häuser lassen auf Hankels Ablage schließen. Schon zu Fontanes Lebzeiten veränderte sich die Bebauung dort aber stark. Heute befindet sich das DESY-Forschungszentrum auf dem Gelände.

Am nächsten Tag trübt sich die Stimmung dennoch weiter ein. Drei von Bothos Kameraden treffen mit ihren „Damen" ein, eine geplante Störung, wie Botho annimmt, aber der Tag muss natürlich mit ihnen verbracht werden. An den Gesprächen zeigt sich, wie solche Verhältnisse auf Zeit von den Frauen eingeschätzt werden – nämlich als auf Geldgewinn und andere Vorteile angelegte Beziehungen, mit denen sie für später vorsorgen. Auch eine Abtreibung, so kann man heraushören, muss mal in Kauf genommen werden. Nur mit dem Herzen sollte man nicht dabei sein, dann „gibt es 'nen Kladderadatsch".

(13) Julien Vallou de Villeneuve (1795–1866): *Si jeunesse savait.* – Der Stich war mit seinem Gegenstück *Si vieillesse pouvait* (Wenn die Jugend wüsste – Wenn das Alter könnte) als Erotikon weit verbreitet.

(14) Der Görlitzer Bahnhof im Jahr 1872.

Das aber eben ist Lenes Fall, und es belastet sie nicht nur, dass sie diesem Muster unterworfen ist, sondern auch, dass sie für ihre selbstlose Zuneigung auf kein Verständnis rechnen kann.
Bei der Rückkehr und Ankunft auf dem „trübselig erleuchteten Görlitzer Bahnhof" besteht Botho auf einer gemeinsamen Heimfahrt per Droschke, doch auf dem langen Weg am Kanal entlang kommt nur eine „schreckliche Zwangsunterhaltung zustande, die nichts als eine Mischung von Verstimmung, Müdigkeit und Abspannung" hinterlässt.

Schon wenige Tage später erhält Botho einen Brief seiner Mutter, in dem sie ihm von ernsten Geldsorgen berichtet. Er habe es in der Hand, durch eine Verbindung mit dem Haus Sellenthin allen Verlegenheiten ein Ende zu machen und möge sich nun jedenfalls entscheiden, ein Rückzug sei immer noch ehrenvoller als weiteres Abwarten. Um sich über seine Absichten klar zu werden, reitet Botho aus, über Moabit in die Jungfernheide und in einem großen Bogen wieder in Richtung Spree. Der Gedanke an eine Standesehe, wie er sie mit Käthe führen müsste, schreckt ihn ab, er bliebe weit lieber bei Lene. Doch er weiß auch, dass er nichts gelernt hat und sich ein unabhängiges Leben nicht leisten kann.

Da trifft er mitten in der Heide auf den Gedenkstein für den Polizeipräsidenten Ludwig von Hinkeldey (eigentlich Hinckeldey), der hier im März 1856 in einem Duell gefallen war. Adlige Gegner hatten ihn durch eine Intrige zu diesem Duell genötigt, das er als oberster Hüter von Recht und Ordnung eigentlich hätte ablehnen müssen. Botho bezieht daraus die Lehre, „„dass das Herkommen unser Tun bestimmt. Wer ihm gehorcht, kann zugrunde gehen, aber er geht besser zugrunde als der, der ihm widerspricht'".

Oben: Nach 1990 wurde auf dem vormaligen Gleiskörper des Görlitzer Bahnhofs ein Park angelegt. Die Reste des Baus bilden einen Hügel, an dessen Rand aus den alten Steinen ein kleines Amphitheater entstehen sollte.

Das Gedenkkreuz für Hinkeldey steht heute wegen der Stadtautobahn etwa dreihundert Meter weiter westlich im Volkspark Jungfernheide.

In dieser Weise schon darauf eingestimmt, sich in die Pflicht zu nehmen, nähert er sich auf dem Rückweg einem großen Fabrikgelände, wo „aus zahlreichen Essen Qualm und Feuersäulen in die Luft stiegen". Gemeint sind die Borsig'schen Eisenwerke, die in Vervollständigung der älteren Maschinenfabrik am Oranienburger Tor von 1850 an zwischen der Spree und Alt-Moabit errichtet wurden. Es ist gerade Mittagspause. Die Arbeiter sitzen draußen, ihre „Frauen, die das Essen gebracht hatten, standen plaudernd daneben, einige mit einem Säugling auf dem Arm, und Botho sieht mit einem Anfluge von Neid auf die Gruppe glücklicher Menschen". Arbeit und Ordnung, so nimmt er wahr, bestimmen ihr Leben, und Ordnung bedeute eben auch Ehe. Seine Entscheidung für die Heirat der adeligen Käthe steht damit fest, und auch Lene, so weiß er, wird sie billigen. Und wirklich macht sie ihm keine Vorwürfe, als er sich bald darauf für immer von ihr verabschiedet.

(15) Borsigs Eisenwerk, gezeichnet 1867 von Christian Adolf Eltzner (1816–1891). Blick spreeabwärts nach Südwesten, im Vordergrund Villa und Garten des Unternehmers.

Wenige Monate später wohnt er mit seiner Frau in der „damals noch einreihigen Landgrafenstraße" und damit nur wenige hundert Meter von der Dörr'schen Gärtnerei entfernt. Von einem großen Balkon mit einem „weit herunterfallenden Zeltdach" hat er einen freien Blick nach Westen, sieht den Zoologischen Garten (also auch die Gärtnerei), in der Ferne die Kuppel des Charlottenburger Schlosses und nach links hin den Wilmersdorfer Kirchturm. Ob dies real möglich gewesen wäre, hielt Fontane übrigens selbst für zweifelhaft, wie er einem Leser gegenüber einräumte, der Ungenauigkeiten in dem Roman beanstandet hatte. Man müsse nur eben schon zufrieden sein, wenn wenigstens der Totaleindruck der sei: „Ja, das ist Leben."[3]

Vielleicht hat er bei dieser Auskunft aber auch tiefgestapelt, denn er kannte die Landgrafenstraße recht gut. Von 1875 bis 1880 wohnte dort in Nummer 6 im zweiten Stock sein Freund Bernhard von Lepel und von 1880 an in Nummer 8 im dritten Stock sein Schriftstellerkollege Ludwig Pietsch. Besonders dessen Balkon hat ihm gefallen, wie Pietsch mitteilte, und er gestand auch, ihn für die Wohnung von Botho und Käthe vor Augen gehabt zu haben. Von dort oben habe man damals, schreibt Pietsch in seinem Nachruf auf Fontane 1898, „noch von keinen Straßen und Häusern gehemmt, weit über die Felder und Parks bis nach Wilmersdorf und dem Grunewald sehen können"[4].

(16) Das Haus Landgrafenstraße 9 im Jahr 1872 und angeschnitten das Haus Nummer 8, wo Fontane im obersten Stock manchmal zu Besuch war. Die gesamte Häuserreihe von Nummer 1 bis 10 (zwischen Kurfürstenstraße und Lützowufer) hatte der vormalige Schneidermeister Adolf Streichenberg 1872 errichten lassen und damit wohlhabende Mieter angezogen. Hier wohnten hohe Offiziere, Bankiers, Kaufleute und zeitweilig sogar der preußische Kriegsminister. In Nummer 9 wohnte Streichenberg selbst.

Die Häuser Landgrafenstraße 9 und 8 heute. Die 1944 völlig zerbombte Straße wurde in den 1950er-Jahren komplett neu bebaut.

(17) Fontane nannte die 1859 fertiggestellte katholische St.-Michael-Kirche die „schönste Kirche von Berlin“.

(18) Die St.-Michael-Kirche am Engelbecken heute. Von Weitem sieht sie kaum anders aus als früher, doch ist das Längsschiff im Inneren nur ein Hof.

(19) Der Lützowplatz um 1905. Links hinter der Kanalbrücke – der Herkulesbrücke – die Lützowstraße, dahinter der Turm der Zwölf-Apostel-Kirche.

Der Lützowplatz heute.

Das Luisenufer auf einer Postkarte von 1905 mit der Michaelskirche im Hintergrund. Lenes Wohnung ist in dem Eckhaus gegenüber der Kanalbrücke anzunehmen.

1926 wurde der Kanal – angelegt als Verbindung der Spree mit dem Landwehrkanal – auf diesem Stück zugeschüttet und in eine Grünanlage umgewandelt.

Unten: Das Luisenufer heute.

Lene weiß von der so nahen Wohnung Bothos nichts, und so erschrickt sie zu Tode, als sie ihn eines Tages in der Lützowstraße mit einer „jungen, schönen Dame am Arm“ auf sich zukommen sieht. Sie hat in einem weiten Weg in die Stadt ihren Auftraggeber Goldstein am Spittelmarkt aufgesucht, um mit ihm ein Stickmuster für „die Wäsche der Waldeckschen Prinzessin“ abzustimmen. Jetzt sagt ihr die Uhr der Zwölf-Apostel-Kirche, dass sie sich beeilen muss, und eben vor dem Lützowplatz kommen ihr Botho und seine Frau entgegen.
Sie kann sich gerade noch einem Schaufenster zuwenden, bevor das Paar in lebhafter Unterhaltung an ihr vorbeistreicht. In der nächsten Seitenstraße zum Lützowufer sinkt sie halb ohnmächtig auf einer Treppe nieder. Erst über einen großen Umweg aus der Stadt hinaus wagt sie sich ihrem Zuhause wieder zu nähern.

In so offenbarer Nachbarschaft zu dem einstigen Geliebten möchte Lene allerdings nicht wohnen bleiben. Im nächsten Frühjahr zieht sie mit ihrer Mutter ans Luisenufer um, „drei Treppen hoch, eine kleine Prachtwohnung, sodass sie nun statt auf die phantastischen Türme des Elefantenhauses auf die hübsche Kuppel der Michaelskirche“ sehen kann.

In der neuen Umgebung lernt Lene den wesentlich älteren Gideon Franke kennen, der Interesse zeigt, sie zu heiraten. Er ist Maschinenbaumeister in einer Fabrik für Gasanlagen in der Köpenicker Straße, sehr solide und auch fromm, nämlich Mennonit und in Amerika sogar zeitweise Prediger gewesen. Als Lene ihm offenbart, dass sie bereits zwei Liebesverhältnisse hinter sich hat, beschäftigt ihn das wohl, löst aber einen recht merkwürdigen Entschluss aus.

Er sucht Botho auf, als dieser allein zu Haus ist, um ihn über Lene zu befragen. Schon unter den ersten Lesern gab das Rätsel auf, umso mehr, als Lene seinen Entschluss ausdrücklich gutheißt. Doch da er von Botho erfährt, er bekomme in ihr „eine selten gute Frau“, nimmt alles den rechten Verlauf.

Mag sein, dass Fontane ein solcher Fall zu Ohren gekommen war – das Devote an dieser Rateinholung bleibt befremdlich, und wollte man böse sein, könnte man folgern, dass der Autor seinem Geschöpf nach Botho einen ganzen Mann nicht mehr gegönnt hat.

Von Franke erfährt Botho auch, dass Lenes Mutter inzwischen verstorben ist. Da er ihr einst versprochen hat, ihr einen Immortellenkranz aufs Grab zu legen, gibt ihm Käthes Abwesenheit – sie ist wegen Kinderlosigkeit zu einer Kur – die Möglichkeit, sein Versprechen einzulösen. Der Friedhof, es ist der Neue St. Jacobi-Kirchhof zwischen Neukölln und Britz, erfordert eine weite Kutschfahrt, und Botho muss erst noch ein Stück zu Fuß gehen, bevor er in der Mittagshitze überhaupt eine Kutsche findet.

Am Lützowplatz kommt ihm ein „ziemlich klappriges Gefährt" entgegen, „hellgrün mit rotem Plüschsitz und einem Schimmel davor", der so müde wirkt, dass Botho angesichts der Strecke fast Mitleid überkommt. Der Kutscher kennt ihn aber und unterhält ihn mit allerlei Bemerkungen über das Pferd, den Kutschenbetrieb und die Auflagen der Fahrpolizei. Am Kanal entlang gelangen sie zum Halleschen Tor und der Belle-Alliance-Brücke, kurz hinter der Botho anhalten lässt, um zwei Kränze zu kaufen.

Entlang der Blücherstraße bietet sich Botho dann ein bizarres Bild. Neben „allerlei Buden, Pavillons und Lampenportalen", die zu Vergnügungsstätten gehören, haben sich Bildhauer und Steinmetze hier angesiedelt, die wegen der vielen Kirchhöfe in dieser Gegend überwiegend Kreuze, Säulen und Obelisken anbieten. Deshalb sind ganz und gar gegensätzliche Inschriften und Anpreisungen zu lesen:

Fräulein Rosella das Wundermädchen, lebend zu sehen; Grabkreuze zu billigsten Preisen; amerikanische Schnellphotographie, russisches Ballwerfen, sechs Wurf zehn Pfennig; schwedischer Punsch mit Waffeln; Figaros schönste Gelegenheit oder erster Frisiersalon der Welt; Grabkreuze zu billigsten Preisen; Schweizer Schießhalle und solche Inschriften mehr.

(20) Eine Berliner Droschke am Anhalter Bahnhof um 1925, in dieser Zeit schon ein Relikt.

(21) Der amerikanische Flugpionier Charles Leroux (1857–1889) bei der Demonstration eines Fallschirmabsprungs in der Hasenheide im April 1889.

Rechte Seite: (22) Die Belle-Alliance-Brücke über dem Landwehrkanal mit dem Halleschen Tor um 1880 und die Hallesche-Tor-Brücke heute.

Der Rollkrug auf einer Postkarte von 1902.

1907 wurde der Rollkrug – wegen des dahinter ansteigenden Geländes der Rollberge so genannt – abgerissen und durch das noch heute an dieser Stelle stehende Geschäftshaus ersetzt.

Auch beim Einbiegen auf die auf Rixdorf zulaufende Hasenheide setzt sich dieses Bild fort, abwechselnd werden Seiltänzer, Ballonauffahrten, Tanzvergnügen und andere Unterhaltungen auf Plakaten angekündigt.

Am Ende der Hasenheide erreicht die Droschke den Rollkrug, ein Eckhaus mit hohem Dach und vorspringendem Giebel, „dessen Erdgeschossfenster so niedrig über der Straße lagen, dass sie mit dieser fast dasselbe Niveau hatten". Von hier ist es nur noch ein kurzes Wegstück bis zum Friedhof, von wo aus Botho den Kutscher zum Rollkrug zurückschickt, um ihn dort warten zu lassen.

Die ganze Zeit über ist Botho mit seinen Gedanken bei Lene und weiß wieder, dass er lieber sie geheiratet hätte. Seine Frau ist zwar hübsch und lebhaft, doch auch oberflächlich, sie „dalbert" ihm zu viel, wie es mit dem damals üblichen Ausdruck für ein albernes Benehmen heißt. Doch will er sich mit dieser Ehe nunmehr arrangieren und dem verlorenen Glück nicht länger nachtrauern.

Der 1880 eröffnete neue Anhalter Bahnhof auf einer Postkarte. Zur Zeit der Handlung des Romans war er noch nicht ganz fertig, aber das wurde sicherlich schon von der ersten Lesergeneration nicht mehr als Unterschied wahrgenommen. Von dem Bahnhof ist lediglich der Eingang übrig geblieben, und auch in der Umgebung stehen keine alten Häuser mehr.

So verbrennt er Lenes Briefe und andere kleine Andenken an sie, und als er wenig später von einem jüngeren Kameraden in einer ähnlichen Liebesangelegenheit um Rat gefragt wird, mahnt er ihn eindringlich, sich in Konvention und Sitte zu fügen. Sonst werde er, wenn er nicht überhaupt versumpfe, „über kurz oder lang sich selbst ein Gräuel und eine Last sein".

Was hinter dieser Befürchtung steht, zeigt der gelegentliche Blick auf seinen Tagesablauf. Bis zur Mittagsstunde ist er in der Kaserne, dann folgen ein Spaziergang oder ein Ausritt und zuletzt geht er in den Klub, wo er sich mit seinen Kameraden dem Hofklatsch und mit hohen Einsätzen dem Kartenspiel überlässt. Das ist alles, und wenn Fontane es so deutlich wohl gar nicht hat sagen wollen: die Konvention ist das Einzige, was der Sinnleere dieses Offizierslebens Halt gibt.

Als Käthe von ihrer Kur zurückkommt, holt Botho sie vom Anhalter Bahnhof ab und wird sogleich von ihren Plaudereien vereinnahmt. Nach kurzer Fahrt durch die Schöneberger Straße biegen sie zum Halleschen Ufer ab, und Käthe bemerkt ein Weißbierlokal mit einem „,komischen und etwas unanständigen Namen, über den wir in der Pension immer so schrecklich gelacht haben'". Es ist das von den Berlinern mit dem Namen Puperitz belegte Lokal am Tempelhofer Ufer 19, das man allerdings, wie ein Leser schon damals Fontane belehrte, von der angedeuteten Stelle aus nicht hätte sehen können.[5] Offenbar wird es hier nur genannt, um Käthes Neigung zur Albernheit anzuzeigen.

(23) Das kleine Haus hinter dem „Staketenzaun" bestand als Lokal seit 1856, hat aber nie jemandem mit dem Namen Puperitz (oder ähnlich) gehört. Nur der erste Grundstückseigentümer soll Bubritz geheißen haben (so wie auch Fontane 1860 in einem Brief das Lokal nennt), und der Volksmund könnte daraus den anderen Namen abgeleitet haben. Jedoch ist auch ein Bubritz in den Berliner Adressbüchern seit 1800 nicht verzeichnet.

Wieder zu Hause, besucht Botho mit Käthe noch den Charlottenburger Schlosspark und erzählt ihr vor dem Belvedere davon, wie man hier die Geister abgeschiedener Kaiser und Kurfürsten habe erscheinen lassen, um König Friedrich Wilhelm II. „aus den Händen seiner Geliebten zu befreien und ihn auf den Pfad der Tugend zurückzuführen". Nur habe es dann doch nicht geholfen, *auch* nicht geholfen, muss man hinsichtlich seiner eigenen Gebundenheit an Lene gedanklich hinzufügen.

Zum Schluss fällt der Blick auf eine Trauung in der Jacobikirche, „deren kreuzgangartiger Vorhof von einer dichten und neugierigen Menschenmenge, meist Arbeiterfrauen", besetzt ist. Der ältere Bräutigam und die hübsche jüngere Braut geben Anlass zu allerlei Kommentaren, zumal der Art, dass diese zwar ein weißes Atlaskleid, aber „keinen Kranz nich" trägt, also keine Jungfrau mehr ist. Aber man hat etwas „munkeln" gehört, und der Bräutigam mit seinen Vatermördern, so wird gelästert, werde wohl nicht mit sich spaßen lassen, „wenn's wieder munkelt".

Es ist also Lenes Hochzeit. Käthe liest die Anzeige am nächsten Tag in der Zeitung und amüsiert sich über die Namen: Gideon Franke – Magdalene Nimptsch. „‚Nimptsch. Kannst du dir was Komischeres denken? Und dann Gideon!'" Botho aber erwidert so unbefangen wie möglich (und bringt damit noch einmal seinen Respekt gegenüber dem Fabrikmeister zum Ausdruck): „‚Was hast du nur gegen Gideon, Käthe? Gideon ist besser als Botho.'"

(24) Das 1789 von Carl Gotthard Langhans (1732–1808) im Schlosspark von Charlottenburg errichtete Teehaus Belvedere.

Friedrich Wilhelms II. okkulte Neigungen sind vielfach bezeugt, ebenso die Rivalität zwischen seinen beiden Ehefrauen und diversen Mätressen. Dass in diesem Haus beides zusammenkam, ist jedoch zweifelhaft. Es wurde erst im letzten Lebensjahrzehnt des Königs errichtet und damit zu einer Zeit, als dessen Eskapaden ihren Höhepunkt lange überschritten hatten.

Die Jacobikirche in der Kreuzberger Oranienstraße mit ihrem „kreuzgangartigen Vorhof".

Kapitel 4

Stine und der Norden

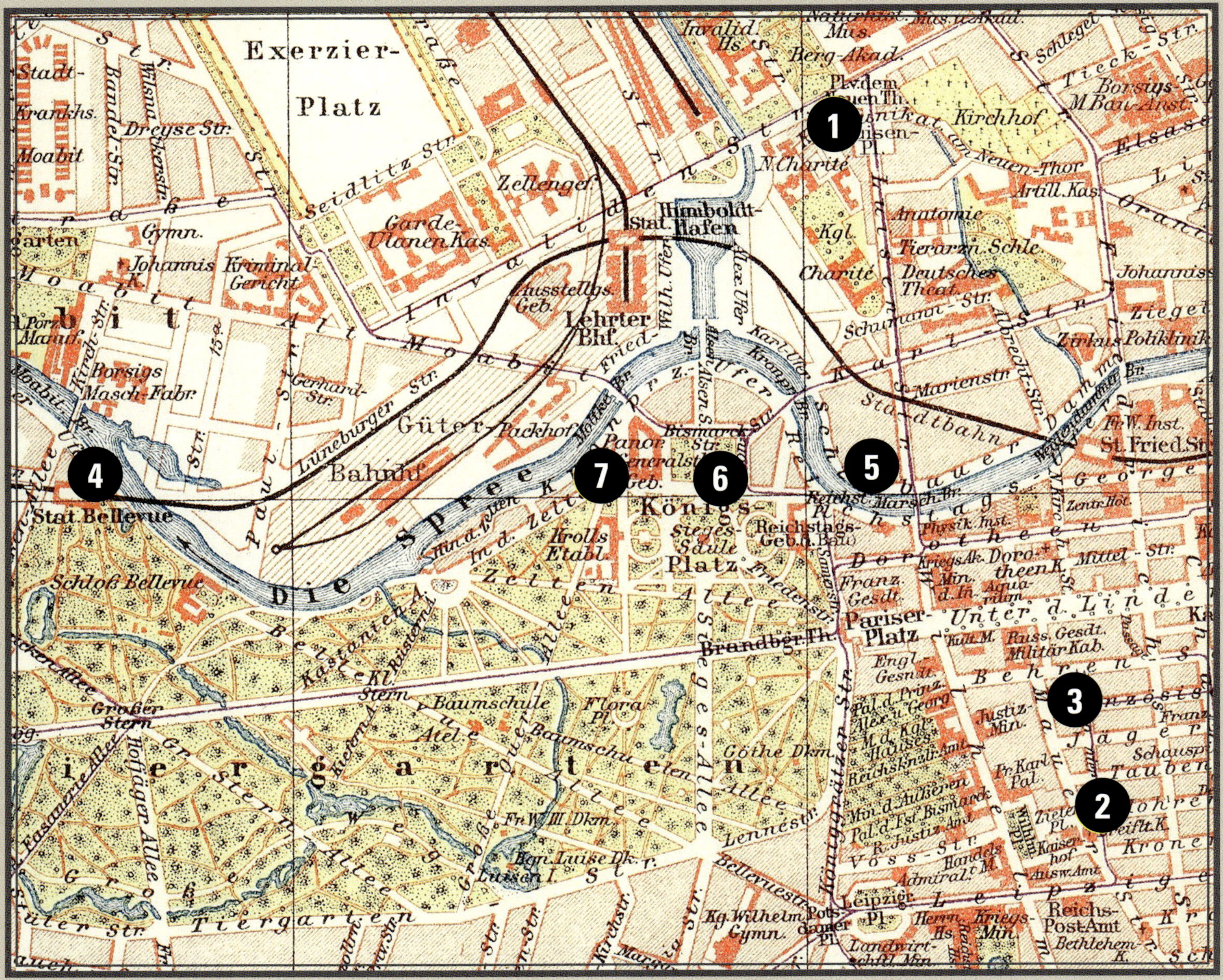

Die Schauplätze von *Stine* in einem Stadtplan von 1889

1. Stines Wohnung in der Invalidenstraße
2. Baron Papagenos Wohnung am Zietenplatz
3. Graf von Halderns Wohnung in der Behrenstraße
4. Waldemars Gartenlokal an der Spree
5. Waldemars Spaziergang über den Schiffbauerdamm
6. Waldemars Aufenthalt am Alsenplatz
7. Waldemars Wohnung am Eingang der Straße In den Zelten

Stine ist eine ganz ähnliche Geschichte wie *Irrungen, Wirrungen*, nur gleichsam das tragische Gegenstück dazu und auch parallel zu dem anderen Roman entstanden. Der Inhalt ist schnell zusammengefasst: Waldemar von Haldern, ein mit neunzehn Jahren im 1870er-Krieg verwundeter und entpflichteter Offizier, lernt etwa zehn Jahre später bei der Geliebten seines Onkels das Nähmädchen Ernestine Rehbein kennen und plant sie zu heiraten. Doch als ihm familiäre Sanktionen vorhergesagt werden und auch Stine deshalb nicht einwilligt, verzichtet er und vergiftet sich. Stine geht noch unauffällig zu seiner Beerdigung, kommt aber so leidend von dieser zurück, dass sie ihm ersichtlich bald in den Tod folgen wird.

Dass dies nicht die große Geschichte ist, wusste Fontane selbst. Wichtig an ihr seien ihm vor allem die Nebenpersonen gewesen, erklärte er wiederholt, insbesondere Stines ältere Schwester Pauline, die Witwe Pittelkow, sei eine ihm „gelungene und noch nicht dagewesene Figur“[1]. Und in ein Widmungsexemplar schrieb er die Verse:

Will dir unter den Puppen allen
Grade „Stine“ nicht recht gefallen,
Wisse, ich finde sie selbst nur soso,
Aber die Witwe Pittelkow!

Da man diese Vorliebe als Leser nicht recht nachvollziehen kann, liegt es nahe, auf einen persönlichen Hintergrund zu schließen, und in der Tat lässt sich in Verbindung mit weiteren Anhaltspunkten folgern, dass hinter Pauline Pittelkow eine Dresdner Liebschaft Fontanes steht, nämlich jene Frau und Witwe, die 1849 dort ein Kind von ihm bekam.[2] Ihre Versetzung in das entsprechende Milieu Berlins stellte aber natürlich kein Problem dar, sie wie ihr Bekanntenkreis sind wie selbstverständlich hier verankert.

Stine und ihre Schwester wohnen in der Invalidenstraße gegenüber dem Invalidenpark, in einem Haus mit der Nummer 98 e. Die reale Zählung reichte nur bis 98 d, und diese Häuser lagen etwas weiter östlich als der Park. Doch alle Häuser hier weisen dieselbe dichte Belegung auf, „kleine Leute“, zu denen auch eine Witwe Pittelkow passte.

Gleich zu Anfang sehen wir die Frau im ersten Stock auf dem Fensterbrett stehen, kniehoch aufgeschürzt und so auffällig die Fenster putzend, dass die Arbeiter, die von „Borsig und Schwarzkoppen“ zur Mittagspause kommen, durchaus den Kopf nach ihr drehen müssen. Borsig, das ist die Lokomotivenfabrik am Oranienburger Tor, und Schwartzkopff die Berliner Maschinenbau AG an der Ecke Chaussee- und Invalidenstraße.

Pauline lebt davon, dass sie sich aushalten lässt, derzeit von dem Grafen Haldern, der vielleicht auch der Vater des Säuglings ist, den sie neben ihrer zehnjährigen Tochter Olga hat. Für den Abend wünscht der Graf eine kleine Gesellschaft und sagt sich mit einem befreundeten Baron und seinem Neffen Waldemar bei ihr an. Pauline holt die Schauspielerin Wanda Grützmacher und ihre Schwester Stine hinzu, und in dieser Runde nimmt man ein von dem Grafen angeliefertes Abendessen ein und unterhält sich mit einer improvisierten Komödie, Kartenspiel und Gesang. Nach Mozarts *Zauberflöte* nennt sich der alte Graf Zarastro, der Baron Papageno, und Pauline ist für den Grafen die „Königin der Nacht“.

98c E. Heinemann, Rentiere.
Heinemann, Kfm.
Henkel, Näherin.
Lück, Ww.
Neumann, Modistin.
Pankow, Vermietherin.
Schirmer, Buchdruck.
Schulz, Schmied.
Voigt, Vermietherin.
Wecke, Kassenbote.
Zöllner, Privatiere.
98d E. Lietzmann, Privatier.
Haryneck, Schuhm.
Hinzpeter, Geh. Kanzl. Dien.
Hirsch, Kohlenhdl.
Kopplin, Rentiere.
Laese, Aufseher.
Lietzmann, Dr. phil.
Meyer, Schuhm.
Muggleton, Handelsfr.
Richter, Modistin.
Schmuck, Kfm.
Seifert, Wäscherin.
Siebrecht, Betr. Sekr.

Die Belegung der Häuser Invalidenstraße 98 c und 98 d im Berliner Adressbuch von 1889.

(1) Die Invalidenstraße an der Kreuzung mit der Chausseestraße. Als Olga zu Wanda Grützmacher in die Tieckstraße geschickt wird, um sie für den Abend einzuladen, muss sie hier warten, weil, „wie gewöhnlich in dieser kirchhofreichen Gegend, ein großes Begräbnis die Straßenpassage hemmte".

Waldemar, schon an dem Abend mit Stine Blicke wechselnd, spricht zwei Tage später wieder bei dieser vor. Sie erklärt ihm gleich, dass sie nicht so wie ihre Schwester sei, aber er hat sie auch nicht so eingeschätzt. Vielmehr hat er Mitleid mit ihr und möchte sie aus diesem Milieu herausführen. So besucht er sie wieder und wieder, und es wächst eine Zuneigung zwischen ihnen, die ihn ernstlich an eine dauernde Verbindung denken lässt.

Bei seinen Besuchen wird wiederholt auch die Umgebung des Hauses in der Invalidenstraße wahrgenommen. Nach Westen hin fällt der Blick auf die „zwei Türme des Hamburger Bahnhofs", der bis 1884 noch in Betrieb und danach durch den Lehrter Bahnhof als Endpunkt der Verbindung nach Hamburg ersetzt worden war. Am Abend beobachtet Waldemar, wie die ganze Straße hinunter die Gaslaternen aufflammen, und ist „so benommen davon, dass er eine Weile schwieg und dem eigentümlichen Straßenbilde zusah". Die Beschreibung lässt darauf schließen, dass mehrere Laternenanzünder gleichzeitig in der Straße unterwegs waren, da eine parallele Fernzündung der Lampen durch Druckerhöhung erst von 1900 an technisch möglich war.

(2) Der Hamburger Bahnhof um 1870 – heute mit noch ähnlichem Aussehen das Museum für Gegenwart.

Eines Abends bemerkt Waldemar im Invalidenpark gegenüber „einen frei zwischen den Bäumen stehenden Obelisken“ und lässt sich von Stine erklären, dass dies das Denkmal für die 1861 mit der Segelkorvette Amazone untergegangenen über einhundert Matrosen sei, „lauter junge Leute“, wie er sich sogleich erinnert. Auf dem Heimweg geht er zu dem Denkmal hinüber, „und es war, als ob er die Namen, die der Obelisk trug, in dem Halblicht zu lesen versuche“. Da er 1870 selbst schwer verwundet worden war, ist es der Gedanke an den eigenen Tod, der ihn überkommt, hier aufzufassen als Anzeichen für einen schon nicht mehr intakten Lebenswillen.

Das Amazonendenkmal im Invalidenpark zu Berlin.

(3) Das Amazone-Denkmal, 1951 auf Beschluss der SED beseitigt.

(4) Der heutige Invalidenpark mit den Stellen von Stines Haus (a), dem Platz des Amazone-Denkmals (b) und dem Hamburger Bahnhof (c). Zwischen den Bundesministerien für Wirtschaft (oben) und Verkehr (unten) das Denkmal *Sinkende Mauer*.

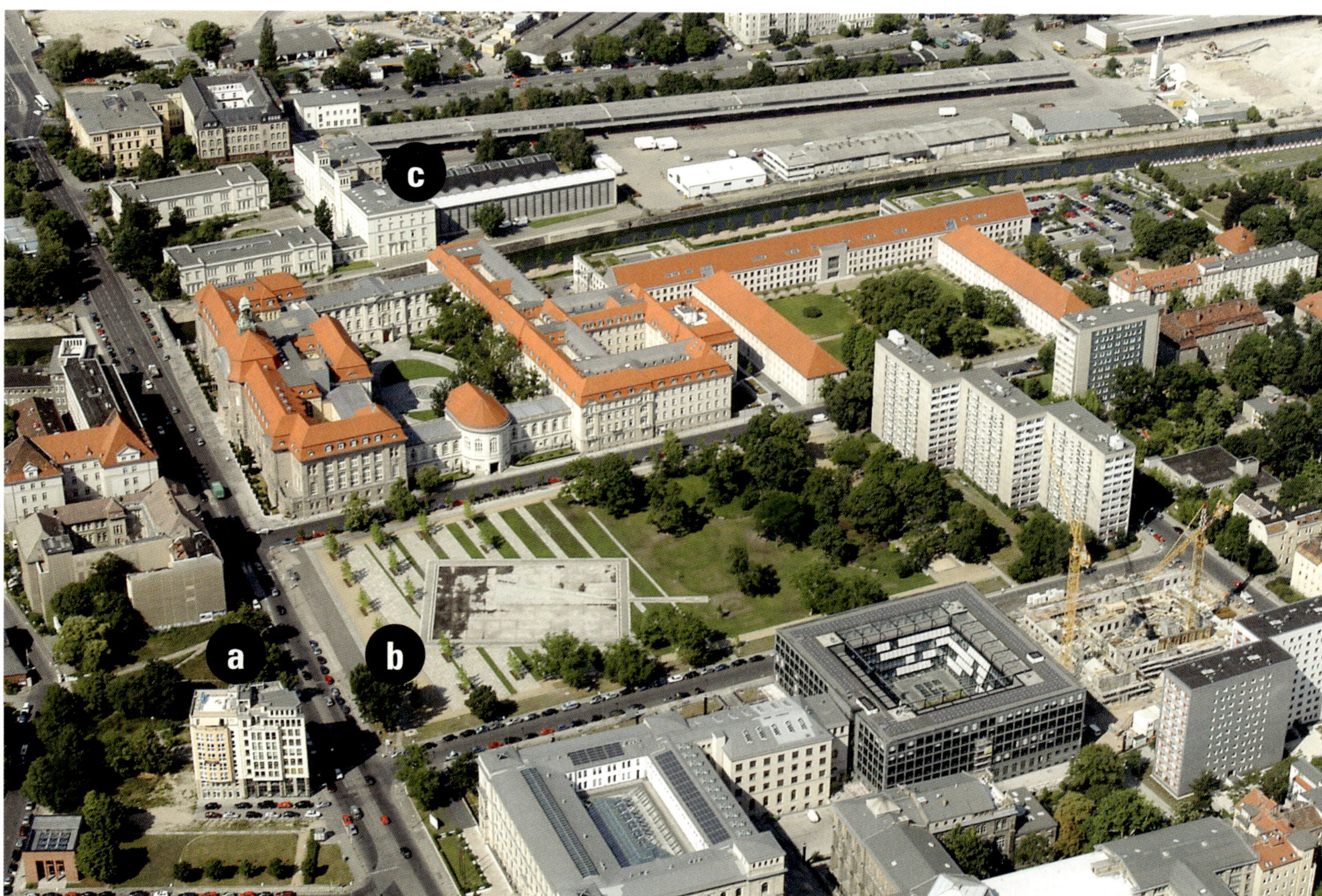

Das 2003 wieder aufgestellte Zieten-Denkmal.

Bei ihren Gesprächen erzählt Stine auch von ihrer Arbeit für ein großes „Woll- und Stickereigeschäft", für das sie überwiegend zu Hause, manchmal aber auch in einer Werkstatt tätig ist. Sie berichtet von Unternehmungen mit der ganzen Belegschaft, „denn der Herr des Geschäfts sei klug und gütig und wisse, was es wert sei, die, die arbeiten müssten, bei Lust und Liebe zu halten". So seien sie schon „nach Schildhorn und Grunewald oder nach Tegel und dem Finkenkrug" gefahren, und einmal sogar mit einem angemieteten Dampfschiff bis weit hinter Grünau, wo sie bei einem einsamen Haus „mit einem hohen Schilfdach dicht am Ufer" den Tag verbracht hätten – Hankels Ablage, wie der Fontane-Kenner weiß.

Schon nach wenigen Wochen der Bekanntschaft mit Stine entschließt sich Waldemar, seine Heiratsabsicht in seinem Umkreis zur Sprache zu bringen. Er sucht zunächst den Baron Papageno auf, der am Zietenplatz, Ecke Mohrenstraße wohnt, im obersten Stockwerk, wo er „niemand über sich" hat, weil er den Lärm von Stühle rückenden Familien nicht ertragen kann. Er hält „diese seine Kastellecke aber auch für den schönsten Punkt der Stadt, weil ihm von dort aus ganz Berlin, soweit es mitspricht, zu Füßen liegt".

„‚Was ich jeden Morgen zuerst zu begrüßen in der Lage bin, ist der alte Zieten auf seinem Postament'", erklärt er die Vorzüge seines Ausblicks, wobei ihm dieser in seiner früheren Form – als Marmorstandbild – noch besser gefallen habe als die jüngere Ausführung in Bronze.

Dieser Zieten sei jedoch längst nicht alles. Dahinter sehe er „‚an jedem neuen Tage nach links hin die Gamaschen des Alten Dessauers und nach rechts hin die Fahnenspitze des alten Schwerin'", und beidseits seiner Generäle „‚türmen sich die Ministerien auf und Pleß und Borsig, und wenn ich mich noch weiter vorbeuge, seh ich sogar das Gitter von Radziwill, jetzt Bismarck, und durchdringe mich mit dem patriotischen Hochgefühle: hier Preußen unter dem Alten Fritzen, dort Preußen unter dem eisernen Kanzler'".

In der Aussprache mit Waldemar erweist sich der stockpreußische Baron allerdings als durchaus liberal. Alle adligen Geschlechter brauchten hin und wieder eine Auffrischung ihres Blutes, führt er aus, und es sei nur erfreulich, wenn einer den Mut habe, den „ganzen Krimskrams" mit der Ebenbürtigkeit hinter sich zu lassen. Waldemar solle also nur mutig auf sein Ziel losgehen, dann komme auch der Erfolg.

Rechte Seite: (5) Der Blick über den Wilhelm- und den Zietenplatz in die Mohrenstraße in einem Gemälde von Julius Jacob (1842–1929) aus dem Jahre 1886. Baron Papageno wohnt in dem im Hintergrund quer stehenden Haus am Eingang zur Mohrenstraße. Rechts das in den 1870er-Jahren errichtete Hotel Kaiserhof, auf dessen Grundstück heute die Nordkoreanische Botschaft steht, davor auf dem früheren Wilhelmplatz die Tschechische Botschaft mit dem 2005 wieder aufgestellten Denkmal des Fürsten Leopold von Anhalt-Dessau, des „Alten Dessauers".

Wilhelmstraße
Mohrenstraße

(6) Blick über den Wilhelmplatz nach Westen um 1877. An der Wilhelmstraße von links nach rechts die Villa Borsig mit dem Denkmal des „Alten Dessauers", das Palais des Fürsten Pleß und das Palais Radziwill, Bismarcks Reichskanzlei ab 1875. Davor das Denkmal des Grafen Schwerin. 1927 trat an die Stelle des Palais Pleß ein Erweiterungsbau der Reichskanzlei und 1937 wurde hinter der Villa Borsig an der Voßstraße Hitlers Neue Reichskanzlei errichtet.

Unten: Die Wilhelmstraße mit dem „Alten Dessauer" heute. Das Denkmal des Grafen Schwerin steht seit 2009 am Zietenplatz vor dem Arbeitsministerium.

So bestärkt sucht dieser gleich anschließend seinen Onkel auf. Dieser wohnt in der Behrenstraße in einem „altmodischen, im Übrigen aber gut und sauber gehaltenen Hause", ebenfalls im obersten Stockwerk. Baron Papageno verspottet ihn zuweilen wegen dieser Wohnung, denn was lasse sich im Unterschied zum Zietenplatz dort beobachten? „‚Sie sehen nun schon sieben Jahre lang in das Portal der kleinen Mauerstraße hinein, ohne je was anderes zu sehen als eine Kutsche mit einer alten Prinzessin oder einer noch älteren Hofdame'", fasst er dessen Situation zusammen.

Im Haus des Onkels liegt überdies die Berliner Merkwürdigkeit vor, dass es statt eines Portiers von Stockwerk zu Stockwerk Gittertüren gibt, die sich nach dem Klingeln manchmal alle gleichzeitig öffnen, manchmal aber auch nicht. Dann muss von Etage zu Etage einzeln geklingelt werden, was „bei jedem neuen Gitter zu dem Erscheinen eulenartiger alter Köchinnen führt, deren Examinationsverfahren um so peinlicher und eindringlicher war, als nur ihr Auge die Fragen stellte". Auch Waldemar muss sich solchen Visitationen diesmal unterziehen, und er sieht es als ein schlechtes Vorzeichen für sein Anliegen bei seinem Onkel an.

(7) Die Behrenstraße mit – rechts – dem Durchgang zur Kleinen Mauerstraße. Das erstklassige Hotel Windsor, das an dieser Stelle von 1871 an stand, wird von Fontane offenbar bewusst unerwähnt gelassen. Es hätte sich zum Beleg der Langweiligkeit dieses Straßenabschnittes schlecht geeignet. Links anschließend das alte Generalstabsgebäude.

Heute steht auf dem Hotelgrundstück ein Haus der Russischen Botschaft. Die Kleine Mauerstraße – vormals am hinteren Ende dieses Hauses abzweigend – gibt es nicht mehr, sie wurde Teil des von den „Linden“ her erweiterten Botschaftsgeländes. Die Eingangsfront links soll ersichtlich an den Baustil des alten Generalstabsgebäudes erinnern.

Und in der Tat ist dieser reinweg entsetzt, als ihm Waldemar eröffnet, was er vorhat. Er möchte mit Stine nach Amerika gehen und bittet ihn, bei der Familie dafür zu sorgen, dass ihm wenigstens der Pflichtteil des Erbvermögens erhalten bleibt. Der Onkel versucht ihn umzustimmen, gar nicht einmal, weil er ihn nicht versteht, sondern weil er überzeugt ist, dass Waldemar seine Entscheidung bald bereuen und er dem Ansehen der Halderns in jedem Fall Schaden zufügen werde. So geht er, kaum dass Waldemar sich verabschiedet hat, zu Pauline, um sie der Schwester gegenüber zu Gegenmaßnahmen zu veranlassen.

Waldemar unternimmt nach der Absage seines Onkels ratlos einen langen Spaziergang, zunächst an der Spree entlang bis zum Schloss Bellevue „und von dort aus nach einem um ein paar hundert Schritte weiter flussabwärts gelegenen Sommerlokale, das er für gewöhnlich an jedem Spätnachmittag, eh er zu Stine ging, aufzusuchen pflegte". Im Schatten alter Bäume – etwa in Höhe des späteren S-Bahnhofs Bellevue – beobachtet er sinnend „eine Zeitlang die Qualmwolken aus dem gerade gegenübergelegenen Borsig'schen Eisenwerke", das allerdings eigentlich ein Zweigwerk der Borsig'schen Maschinenbauanstalt ist, da die Eisenwerke einen Kilometer weiter flussabwärts lagen.

Dann wieder gibt er seinem Blick „eine Seitwärtsrichtung und zählte dabei die Brückenpfeiler oder die Spreekähne, die von der Stadt her den Fluss herunterkamen" – alles Ausdruck seiner Ratlosigkeit, was er nach dem Bescheid seines Onkels noch tun könne. Nach einer Weile geht er „weiter flussabwärts bis an die Moabiter Brücke, weil er vorhatte, den Rückweg am anderen Ufer zu machen. Als er aber drüben war, nahm er langsam und unter gelegentlichem Verweilen seinen Weg auf den Humboldtshafen und zuletzt auf den Invalidenpark zu".

Er sucht also Stine auf, doch die Aussprache mit ihr macht seine Pläne vollends zunichte. Sie glaubt nicht an eine Zukunft in Amerika, schon nicht, weil sie ihm ein Leben auf eigenen Füßen nicht zutraut, doch will sie auch nicht der Grund für einen Zwist in seiner Familie sein. So endet sein Besuch bei ihr mit einem Abschied für immer, auch wenn sie ihm verstört ihre Liebe bekennt.

Er beschließt zunächst, „in einem an der Ecke der Linden und Friedrichsstraße gelegenen Bankhause verschiedene geschäftliche Dinge zum Abschluss zu bringen", vermutet dann aber, dass dort schon geschlossen sein wird, und biegt für den Heimweg in den Schiffbauerdamm ab. Hier hört er die Uhren schlagen, „die sich in ziemlich beträchtlicher Zahl an der Wasser- und Rückfront der jenseitigen Fabrikgebäude befanden", und beobachtet das Leben auf den Kähnen, „an deren Tauen und Strickleitern und mitunter auch auf quer gelegten Ruderstangen allerlei Wäsche zum Trocknen hing".

Die „Graef'sche Klinik" im Rücken, geht er „rascheren Schrittes auf die Unterbaumbrücke zu. Hier hielt er wieder und betrachtete die bronzenen Kandelaber, die, weil sie noch keine Patina hatten, in der schräg stehenden Sonne prächtig blitzten und flimmerten".

Über das Kronprinzenufer und die Alsenstraße schlendert er weiter bis zu dem „reizenden, mit Bosquets und Blumenbeeten und dazwischen wieder mit Marmorbildern und Springbrunnen geschmückten Square, der, dem Königsplatze vorgelegen, einen Teil desselben ausmacht und doch auch wieder sich von ihm scheidet". Hier wandert er zwischen den Rondellen auf und ab und mustert die Figuren, die „mit Hilfe von Sternblumen und roten Verbenen in den Rasen eingezeichnet waren". Alles macht ihm fühlbar, dass sein Leben keinen Sinn hat, weil ihm nichts, aber auch gar nichts darin gelungen ist.

Linke Seite: (8) Der Blick etwa von der Stelle des Lokals auf die Moabiter Brücke und die Borsig'sche Maschinenbauanstalt im Jahre 1879. Im Hintergrund ist die noch vorhandene, von Karl Friedrich Schinkel (1781–1841) erbaute Johanniskirche zu sehen.

Heute ist das Gelände der Borsig'schen Fabrik ein reines Wohngebiet, und hinter der Moabiter Brücke, die 1894 als Steinbrücke errichtet wurde, erhebt sich das Bundesinnenministerium.

(9) Der Schiffbauerdamm zwischen Stadtbahn- und Marschallbrücke um 1880 und heute.

(10) Die Brücke mit den neuen Kandelabern war die 1879 anstelle der Unterbaumbrücke errichtete Kronprinzenbrücke. Die Graefe'sche Augenklinik befand sich bis 1870 in dem zur Karlstraße gehörenden Eckhaus links (hier – 1914 – schon ein Neubau), danach unter anderem Namen hinter dem Unterbaum-Amtshaus rechts. Für die Augenbehandlung, der sich Effi Briests Mutter in Berlin unterzieht, hat Fontane auch sicherlich an diese Klinik gedacht.

Da die Spree hier die Zonengrenze war – diesseits West-, jenseits Ost-Berlin –, wurde die kriegsbeschädigte Brücke 1972 abgerissen. An ihre Stelle trat 1996 der Neubau des spanischen Architekten Santiago Calatrava (* 1953).

(12) Die hinter dem Generalstabsgebäude beginnende (in der Nummerierung jedoch endende) Straße In den Zelten im Jahre 1938. Die Straße führte bis zu den „Zelten" am Spreeufer, mehreren Ausflugslokalen, die im 18. Jahrhundert wirklich nur Zelte gewesen sind und nach und nach zu festen Häusern geworden waren. Links die Parkfläche, an die sich der Garten der Krolloper anschloss, eines großen Veranstaltungs- und Vergnügungshauses für den gehobenen Geschmack.

Die Zelten-Straße ist heute nicht mehr vorhanden. Sie ging teils in der Fläche des Bundeskanzleramtes auf, teils in den südlich sich anschließenden Grünanlagen. Das Bild zeigt – dem Foto links entsprechend – ungefähr die Stelle, wo die Straße vormals rechts auf dem Gelände des Bundeskanzleramtes verlief und nach links in Richtung der „Zelte", abknickte, das heißt heute in Richtung des Hauses der Kulturen der Welt.

So wendet er sich seiner Wohnung zu, die, „gleich zu Beginn der Zeltenstraße, aus einem zwei Treppen hoch gelegenen Front- und Hinterzimmer bestand, von denen jenes auf die Parkbäume des Kroll'schen Gartens, dieses auf eine grasbewachsene, bis hart an die Spree sich hinziehende Baustelle sah. Dahinter die roten Dächer von Moabit, und weiter links der grüne Saum der Jungfernheide".

In seiner Wohnung schreibt Waldemar noch zwei Abschiedsbriefe, einen an seinen Onkel, in dem er ihn um eine Übertragung eines Erbteils an Stine bittet, und einen an Stine selbst, in dem er wünscht, dass sie sich durch seinen Tod nicht entmutigen lasse. Doch sie sei sein Lebensinhalt gewesen.

Dann nimmt er ein seit Langem für diesen Zweck verwahrtes Schlafmittel ein. Stine jedoch, als sie von seiner Beerdigung nach Hause kommt, wirkt so elend, dass ihre Schwester bei ihrem Anblick ausruft: „‚Stine, Kind, wie siehst du denn aus?! Dir sitzt ja der Dod um die Nase.'" Doch ihre Vermieterin bemerkt nur sarkastisch: „‚Das kommt davon.'"

Linke Seite: (11) Der Alsenplatz mit dem Generalstabsgebäude um 1900 und der Blick über die Fläche des vormaligen Alsenplatzes heute: An der Stelle des Generalstabsgebäudes steht das Bundeskanzleramt.

Kapitel 5

Frau Jenny Treibel und der Osten

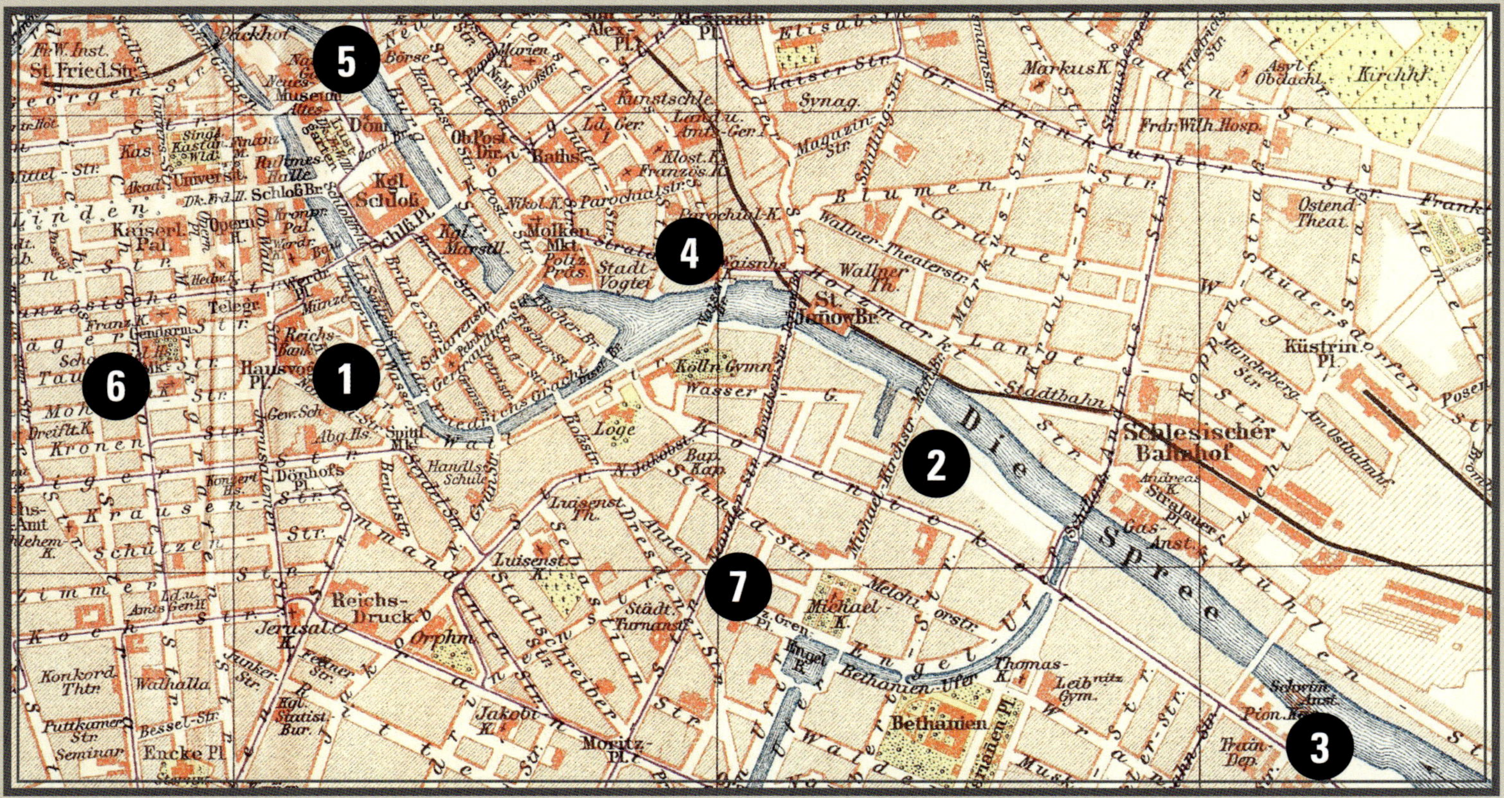

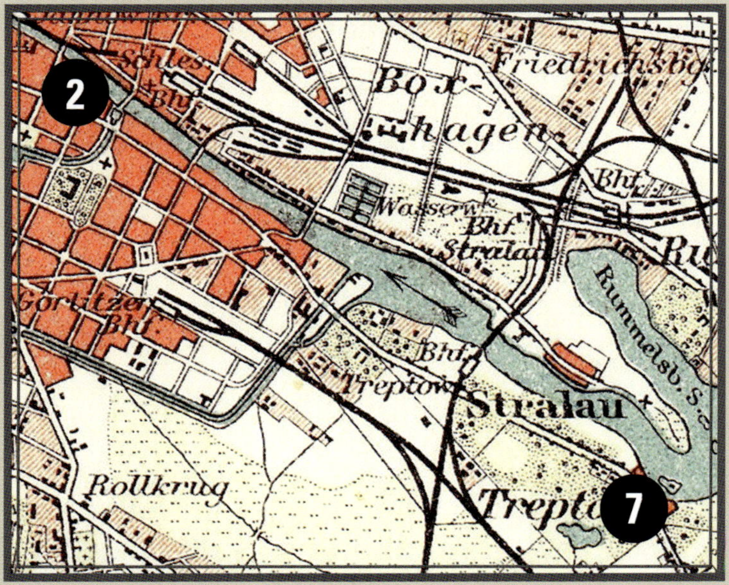

Die Schauplätze von *Frau Jenny Treibel* in Stadtplänen von 1889

1 Schmidts Wohnung in der Adlerstraße
2 Die Villa und Fabrik der Treibels in der Köpenicker Straße
3 Die Villa von Otto Treibel
4 Die Parochialkirche in der Klosterstraße
5 Die Nationalgalerie auf der Museumsinsel
6 Das Englische Haus in der Mohrenstraße
7 Das Gasthaus Zenner
8 Das Wirtshaus am Halensee
9 Das Forsthaus Paulsborn

Die Geschichte um die Kommerzienrätin Jenny Treibel entwarf Fontane schon um die Zeit, als er an *Stine* arbeitete, stellte den Roman aber erst 1892 fertig. Der Zweck des Werkes sollte sein, „das Hohle, Phrasenhafte, Lügnerische, Hochmütige, Hartherzige des Bourgeoisstandpunktes zu zeigen", und es sollte die Serie seiner Berlin-Romane mit ihm enden.[1] Doch so wenig, wie dies sein letzter Berlin-Roman wurde, so wenig hat sich Fontane an seinen Entlarvungsvorsatz darin gehalten. Zwar wird Jenny, die Fabrikantengattin aus kleinen Verhältnissen, zumeist spöttisch behandelt, und auch einige Nebenfiguren kommen nicht gut weg, doch überwiegt der wohlwollende, versöhnliche Ton. Fontane wäre nicht Fontane, wenn er nicht auch hier den gezeigten Verhältnissen mit Verständnis begegnen würde.

Der Roman handelt von einer missglückten Verlobung und einer glücklichen Heirat. Corinna Schmidt, die fünfundzwanzigjährige Tochter eines Gymnasialprofessors und Jugendfreundes von Jenny Treibel, setzt sich in den Kopf, Jennys zweiten Sohn Leopold zu heiraten, doch dessen Mutter möchte das um jeden Preis verhindern. Obwohl sie immer ein Liebesgedicht ihres früheren Verehrers Willibald Schmidt im Munde führt – „Wo sich Herz zum Herzen find't", so auch der Untertitel des Romans –, denkt sie nicht daran, eine besitzlose Schwiegertochter zu akzeptieren. Corinna andererseits sieht nach und nach ein, dass der schwächliche Leopold gar nicht zu ihr passt, und heiratet ihren Vetter, den ihr schon lange zugetanen Gymnasiallehrer Marcell Wedderkopp. So bewirkt Jenny mit ihrem Widerstand zuletzt sogar das Richtige, indem sie dafür sorgt, dass sich wirklich „Herz zum Herzen find't".

Die Grundzüge dieser Geschichte soll Fontane nach mündlicher Überlieferung aus dem Hause des Fabrikanten Heckmann, Kupfer- und Messingwerke an der Schlesischen Straße, übernommen haben. Von seiner Schwester Jenny Sommerfeldt, Apothekersgattin in der benachbarten Köpenicker Straße, habe er von der herrischen Fabrikantengattin gehört, auch von ihren Problemen mit ihren Schwiegertöchtern sowie von den Gästen in diesem Haus, ja er selbst habe zu ihnen gehört.[2] Dies allerdings ist nicht besonders wahrscheinlich, weil er dann schwerlich auch noch eine der beiden Heckmann-Villen, wie bezeugt ist, in dem Roman als die Villa Treibel abgebildet hätte. Seine Schwester Jenny, deren bourgeoises Gebaren er immer missbilligt hat, dürfte aber das Namensvorbild für Jenny Treibel gewesen sein.

Der Roman beginnt damit, dass Jenny die beiden Schmidts aufsucht – Vater und Tochter, die Mutter lebt nicht mehr –, um Corinna für den nächsten Abend zu einem Essen einzuladen. Mr. Nelson, ein junger Geschäftsmann aus Liverpool, soll angemessen unterhalten werden, und Corinna kann Englisch und hat kürzlich auch den *Hamlet* gesehen.

Die Schmidts wohnen in der Adlerstraße, zweite Etage, in einem „trotz seiner Front von fünf Fenstern ziemlich ansehnlichen, im Übrigen aber altmodischen Hause" mit ein paar Stufen hinauf zum Eingang. Die Adlerstraße, aufgegangen 1934 im Neubau der Reichsbank (heute Teil des Außenministeriums), war eine kurze, u-förmig angelegte Straße zwischen der Holzmarktstraße im Norden und der Alten Leipziger Straße im Süden und bezeichnet die kleinen Verhältnisse der Schmidts schon durch diese Adresse.

Corinna allerdings mangelt es an Selbstbewusstsein gegenüber der wohlhabenden Kommerzienrätin nicht. Sie weiß, dass diese nur eine Krämerstochter aus der Nachbarschaft ist, allein durch ihre Heirat aufgestiegen, während ihr Vater aus einer Beamtenfamilie stammt und es bis zum Gymnasialprofessor gebracht hat.

Am nächsten Abend versammelt sich in der Treibel'schen Villa ein gutes Dutzend Gäste. „Huster'sche Wagen mit runden und viereckigen Körben" liefern das Essen an, Wagen des Hof-Traiteurs A. Huster aus der Mohrenstraße, dem von Fontane verschiedentlich genannten Englischen Haus. In dessen Räumen hatte zeitweilig auch die Dichtervereinigung Tunnel über der Spree getagt, dann fand im Juni 1886 – genau zur Zeit der Handlung – die Hochzeitsfeier seines Sohnes George dort statt, und auch zu seinem 70. Geburtstag lud Fontane ins Englische Haus ein.

Die Treibel'sche Villa, 1871 erbaut, liegt in der Köpenicker Straße zur Spree hin, weil Treibel dort auch seine Fabrik für Blutlaugensalz und Berliner Blau betreibt. Die Dünste dieses Chemiebetriebes sind bei Nordwind zwar lästig – der Farbgrundstoff wie die Farbe selbst werden aus Knochen und anderen organischen Abfällen gewonnen –, aber es war üblich, dass die Fabrikherren bei ihren Fabriken auch wohnten. Außerdem lässt Treibel „die Fabrikschornsteine mit jedem Jahre höher hinaufführen und beseitigte den anfänglichen Übelstand immer mehr".

Ein größeres Ärgernis für Jenny ist, dass die Villa nur einen Vordereingang hat. „‚Dass Treibel es auch versäumen musste, für einen Nebeneingang Sorge zu tragen!'", erregt sie sich. „‚Jetzt marschiert jeder Küchenjunge durch den Vorgarten, gerade auf unser Haus zu, wie wenn er mitgeladen wäre.'" Die Villa selbst ist „ein Hochparterrebau mit aufgesetztem ersten Stock, welcher letztere jedoch, um seiner niedrigen Fenster willen, eher den Eindruck eines Mezzanin als einer Beletage" macht. Jenny findet das Haus überdies „beinah altmodisch und jedenfalls viel zu klein", es fehlen ihr „wenigstens zwei Zimmer".
Corinna rechtfertigt ihre Einladung zu dem Dinner voll und ganz. Sie sprüht vor Charme und Gescheitheit und nimmt Mr. Nelson so für sich ein, dass Jennys Schwiegertochter Helene hinterher erklärt, sie habe Todesangst ausgestanden, dass Nelson „seine Reise verschieben und um sie anhalten würde" – mit wer weiß welchen Folgen für die Beziehungen zu seiner Firma. Denn eigentlich ist Nelson ein Geschäftsfreund ihres Mannes Otto, der am Schlesischen Tor einen Holzhof betreibt.

Solche Befürchtungen jedoch gehen in die Irre. Marcell Wedderkopp, ebenfalls geladen, erkennt mit dem Scharfblick des Eifersüchtigen, dass es Corinna in Wahrheit auf den zweiten Treibel-Sohn Leopold abgesehen hat. Als er sie zu Fuß nach Hause begleitet, sagt er ihr das auf den Kopf zu, und sie streitet es auch nicht ab. Reich heiraten ist ihr Traum, sie möchte den dürftigen Verhältnissen des Vaterhauses entkommen. Wenn man sie alles in allem für ein Porträt von Fontanes Tochter Martha hält, so ist dieser Zug an ihr dafür auch ein Indiz.

Auf diesem nächtlichen Heimweg fällt Corinnas Blick von der Fischerbrücke auf den Kirchturm der Parochialkirche. „‚Aber ihn schön finden, wie seit Kurzem Mode geworden, das kann

Linke Seite: (1) Die beiden Arme der Adlerstraße von Süden. Das Haus rechts kommt der Beschreibung Fontanes nahe.

Oben: (2) Eine 1873 in Wilmersdorf errichtete Villa, die zum Stil der ersten Heckmann-Villa passt und Fontanes Beschreibung nahekommt. Von der zweiten Villa, die das Vorbild abgegeben haben soll, hat sich leider kein Bild erhalten.

Rechts: (3) Die erste der Heckmann-Villen war wesentlich größer.

Unten: Auszug aus dem Berliner Adressbuch von 1890.

A. Huster, Hof-Traiteur Sr. Majestät des Kaisers u. Königs, Koch auf Bestellung u. Weinhdl., W Mohrenstr. 49. A Englisches Haus. Inh. E. Brandt u. Max Huster.

(4) Die Parochialkirche von Süden um 1905. Fontane hat 1844 rechts neben der Kirche in einem Vorgängerbau gewohnt.

Unten links: (5) Blick durch die Alte Leipziger Straße zur Jungfernbrücke. Links vorn der Abzweig zu Raules Hof.

Unten rechts: (6) In Raules Hof der Durchgang zur Adlerstraße. In den 1930er-Jahren wurde hier die neue Reichsbank errichtet, heute Teil des Außenministeriums.

Rechte Seite: (7) Am Gasthaus Zenner 1891, links die Liebesinsel, die heutige Insel der Jugend.

ich doch nicht'", sagt sie zu Marcell. „,Er hat so etwas Halbes, Unfertiges, als ob ihm auf dem Weg nach oben die Kraft ausgegangen wäre.'" Marcell hingegen interessiert mehr das Glockenspiel, das vom Turm her – sonderbarerweise mitten in der Nacht – zu hören ist. „Üb immer Treu und Redlichkeit", hört er heraus und will es für Corinna als Mahnung verstehen, doch sie bleibt dabei, sie will Leopold dazu bringen, sich mit ihr zu verloben.

In Fortsetzung des Heimweges verlassen die beiden über die Jungfernbrücke die Spreeinsel und biegen, „von der Alten Leipziger Straße her, in Raules Hof ein, von dem aus ein kleiner Durchgang in die Adlerstraße führte".

Willibald Schmidt hat an diesem Abend einen kleinen Kreis von Kollegen bei sich versammelt, in den sich auch Marcell, als er mit Corinna eintrifft, noch einreiht. Eigentlich will er seinem Onkel aber nur sein Leid klagen, dass er bei der Cousine nicht weiterkommt und sie sich nun sogar in den Kopf gesetzt hat, Leopold zu heiraten. Der Onkel jedoch beruhigt ihn. Jenny Treibel werde dies nicht zulassen, und so werde er am Ende Erfolg haben. „‚Jenny. Da ruhen die Wurzeln deiner Kraft'", sagt er zu ihm. Das durchaus Fragwürdige dieser Tröstung empfindet Marcell anscheinend nicht, und auch Fontane will Nachteiliges damit wohl nicht zum Ausdruck bringen. Die meisten seiner jungen Männer haben ja einen Zug von „Milchsuppenschaft", wie Jenny Treibel sogar an ihren Söhnen feststellt. Starke Jugend sollte neben dem immer starken Alter offenbar nicht in den Blick kommen.

Am nächsten Morgen wird auch in den beiden Häusern Treibel über Leopolds Verheiratung gesprochen. Jenny ärgert sich, dass Helene zu diesem Zweck ihre Schwester Hildegard von Hamburg her in die Familie einführen will. Sie hat an ihr und ihrer aufgesetzten Vornehmheit gerade genug, noch so eine Schwiegertochter will sie nicht haben. Helene ihrerseits beklagt sich bei ihrem Mann, dass Jenny keine Anstalten mache, Hildegard einmal einzuladen. Als vormalige Krämerstochter sollte sie sich eigentlich geehrt fühlen, dass eine weitere Hamburgerin aus so gutem Hause zu einer Einheirat bereit sei.

Leopold, noch im Haus der Eltern wohnend, weiß davon nichts und begibt sich auf seinen morgendlichen Ausritt. Er ist eigentlich kein Sportsmann und wurde beim Militär wegen Schwächlichkeit nicht genommen, will jedoch durch das Reiten wenigstens etwas Statur gewinnen. Er reitet die Köpenicker Straße hinunter, passiert das Schlesische Tor und den Schlesischen Busch, hier sich erinnernd, dass in diesem Waldstück gerade gestern „zwei Frauenzimmer und ein Uhrmacher beraubt worden waren", und erreicht ein Lokal am Spreeufer. Es bleibt unbenannt, ist aber zweifellos das von Rudolf Zenner betriebene Gasthaus an der Spree, das unter dem Namen Zenner noch heute existiert.

Das Gasthaus Zenner heute, im Hintergrund die 1916 errichtete Abteibrücke, damals nach einem Gasthaus auf der Insel so benannt.

Leopold ist beruhigt, dass die Terrasse leer ist und er nicht irgendwelche Berliner sieht, die „ihren mitgebrachten Affenpinscher über die Stühle springen oder vom Steg aus apportieren" lassen. Der Kellner, der ihn längst kennt, bringt ihm unaufgefordert „eine Tasse Kaffee mit ein paar englischen Biskuits und ein großes Glas Milch" – die Milch dabei das Wichtigste, da ihm vom Arzt ausdrücklich verordnet.

Seine Bitte um eine weitere Tasse Kaffee wird jedoch abgelehnt – die „Frau Mama" hat verlangt und bezahlt dafür, dass er nie mehr als nur eine Tasse bekommt. Leopold macht sich melancholisch klar, dass sein ganzes Leben unter der Vormundschaft seiner Mutter steht, und weiß nicht, wie er das ändern soll. Da sieht er einen Spreekahn, der „mit einem großen Segel flussabwärts" fährt, und schöpft plötzlich Hoffnung. Er sollte sich mit Corinna verbinden, deren Interesse an ihm er gestern Abend gespürt hat, sie könnte ihn aus dieser Abhängigkeit befreien.

Die Gelegenheit, mit ihr unter vier Augen zu sprechen, ergibt sich schon eine Woche später. Im Kreis der Treibels wird ein Treffen am Halensee verabredet und auch die Schmidts werden eingeladen. Für Corinna klingt „,ein Nachmittag in Halensee' fast so poetisch wie ‚vier Wochen auf Capri'", voller Erwartung fährt sie mit der Stadtbahn hinaus. Die Treibels und ihre Freunde kommen mit ihren eigenen Equipagen, ein anderes Grüppchen benutzt „aus nicht aufgeklärten Gründen die neue Dampfbahn", die seit Mai 1886 vom Zoo in den Grunewald führt. Leopold jedoch kommt allein in einer gemieteten Droschke, sehr zum Unwillen seines Vaters, der ihn „hoch zu Ross" erwartet hat, und sieht noch dazu aus, „als ob er hingerichtet werden sollte". Marcell Wedderkopp wurde nicht aufgefordert.

Rechte Seite: (8) Ein Rowan'scher Dampfwagen an der Endstation Halensee. Diese Wagen nahmen von außen Dampf in einen Kessel auf und verbrauchten ihn im Betrieb. Da auch der Abdampf zum Kondensieren im Wagen verblieb (der Behälter dafür lag auf dem Dach), fuhr die Bahn emissionsfrei.

Das Wirtshaus am Halensee auf einer Postkarte von 1903.

ZOOLOG.GARTEN-KURFÜRSTENDAMM-GRUNEWALD
STENDAMM-GRUNEWALD
BERLINER DAMPFSTRASSENBAHN

Gruss vom Wirtshaus am Halensee
C. Saeger, Jnh. der Concordia-Festsäle, Berlin
C. Saeger
KUNSTANSTALT C. AUG. DROESSE, BERLIN, ORANIENSTR. 65

Nach 1900 entstand an der Stelle des Wirtshauses ein großer Vergnügungspark, der Lunapark, der in den 1930er-Jahren aber wieder schloss. Danach wurde die gesamte Fläche zum Wohngebiet. Eine zur Stadt hin übrig gebliebene Wiese wird seit Jahrzehnten von Nacktbadern benutzt, wenn auch das Baden im See wegen der Wasserqualität schon länger nicht mehr erlaubt ist.

Rechte Seite: Das 1871 erbaute Forsthaus Paulsborn am Grunewaldsee auf einer Postkarte von 1910, so wie es auch heute noch vorhanden ist. Nur die Bäume stehen inzwischen dichter um das Haus herum.

Das Lokal, in dem man sich versammelt, hat „eine Terrasse nach dem See hinunter“, eine erhöhte Veranda und einen Turm, von dem aus man das „von Spargelbeeten und Eisenbahndämmen durchsetzte Wüstenpanorama der Umgebung“ bestaunen kann. Die Gesellschaft nimmt jedoch parterre an einigen zusammengerückten Tischen Platz. Treibel bestellt fünf Portionen Kaffee, „‚Zucker doppelt‘“ und „‚etwas Kuchiges‘“, nur sollte es kein altdeutscher Napfkuchen sein. Ganz in der Nähe hört man „das Kugelrollen einer am diesseitigen Ufer sich hinziehenden Doppelkegelbahn und dazwischen die Rufe des Kegeljungen“.

Die Kegelbahn, auf der Postkarte als langer überdeckter Holzbau zu sehen, kommt auch in *Mathilde Möhring* vor. Diese hat ihren siebzehnten Geburtstag in Halensee feiern dürfen und dort an der Bahn die Bemerkung über sich aufgefangen, dass sie „ein Gemmengesicht“ habe. Von diesem Kompliment zehrt sie seitdem.

Den See jedoch sieht man von der Terrasse aus kaum, weshalb zwecks Inspektion zwei der mitgekommenen jungen Mädchen auf Stühle steigen. Sie finden ihn etwas klein, doch Treibel belehrt sie: „Das ‚Auge der Landschaft‘ muss klein sein [...] Ein Ozean ist kein Auge mehr.“ Und nicht ohne ironischen Unterton fügt er hinzu, „dass dieser Fleck Erde mit zu dem Schönsten zählt, was die norddeutsche Tiefebene besitzt“.

Nach dem Kaffeetrinken bricht die Gesellschaft zu einem Spaziergang zum Forsthaus Paulsborn auf, ein Weg von fünf Kilometern, der hier schon für weit angesehen wird. Lene in *Irrungen, Wirrungen* legt da ganz andere Strecken zurück. Jenny an der Seite von Willibald Schmidt spricht sich auf diesem Weg noch einmal energisch gegen eine Heirat mit der zweiten Hamburgerin aus. Leopold brauche eine wirklich kluge Frau und nicht ein so unerfahrenes Ding wie diese Hildegard.

Corinna währenddessen stellt im Gespräch mit Leopold ihrer Klugheit das beste Zeugnis aus. Indem sie ihm die alsbaldige Heirat Hildegards vorhersagt, eröffnet sie ihm über seinen Widerspruch die Möglichkeit, seine eigenen Wünsche zur Sprache zu bringen. So macht er ihr richtig seinen Heiratsantrag, ja wagt es sogar – „im Schutz einer Haselnusshecke" – ihre Hand mit Küssen zu bedecken. Corinna nimmt „klugerweise von jeder weiteren Auseinandersetzung Abstand" und fordert ihm nur das Versprechen ab, auch seiner Mutter gegenüber festzubleiben.

Im Forsthaus Paulsborn eingetroffen – es dämmert schon –, macht die Gesellschaft „bei herumgereichtem Creme de Cacao" noch eine kurze Rast, dann geht es mit den nachgekommenen Wagen in die Stadt zurück. Das Brautpaar hat nur noch Gelegenheit zu einem verschwiegenen Händedruck. Leopold unterrichtet seine Mutter noch am Abend der Heimkehr. Jenny fällt beinahe in Ohnmacht, erklärt ihm dann aber rundheraus, dass diese Verlobung für sie nicht existiere, einer Heirat werde sie sich auf jeden Fall widersetzen. Anders reagiert zunächst ihr Mann. „‚Teufelsjunge'", sagt er anerkennend, „‚man unterschätzt doch immer die Menschen'". Einspruch erheben will er deshalb nicht, redet ihr vielmehr ins Gewissen, sich mit ihrem Dünkel nicht lächerlich zu machen, findet sich mit ihren Gegenmaßnahmen aber ab.

Als Erstes schreibt Jenny schon am nächsten Tag einen langen Brief nach Hamburg, in dem sie Hildegard herzlich um einen Besuch bittet. Danach sucht sie ihren Freund Schmidt auf, um ihn und seine Tochter wegen dieses „Anschlages" zur Rede zu stellen. Beide verteidigen sich überlegen, doch Jenny ist nicht bereit, Leopold freizugeben. Da Hildegard alsbald eintrifft, muss dieser sich auch um sie kümmern und wagt nicht einmal, Corinna zu besuchen. Er schickt ihr nur Tag um Tag Briefchen mit Treuebekenntnissen, die so eintönig ausfallen, dass sie es immer mehr langweilt.

(9) Die 1876 eingeweihte Nationalgalerie und (10) der zweite Corneliussaal mit der Büste von Peter Cornelius (1783–1867). Die hier ausgestellten Zeichnungen, Vorlagen für die Ausmalung der Münchner Glyptothek, wurden 1907 entfernt. Gezeigt wurden an dieser Stelle noch bis 1923 die Zeichnungen des ersten Saales, einst für die Grabkapelle des Berliner Doms gedacht.

Um sich abzulenken, besucht sie die Nationalgalerie, kommt aber auch hier von ihren Zweifeln nicht los. Im Saal mit den Kohlezeichnungen des damals hoch geschätzten Peter Cornelius interessiert sie, „vor dem einen großen Wandbilde, nur die ganz kleine Predelle, wo Mann und Frau nur den Kopf aus der Bettdecke strecken", fragt sich also wohl, ob sie wirklich mit Leopold das Bett teilen will.

Nach zwei, drei Wochen gesteht sie sich ein, dass sie Leopold nicht genug liebt und Jenny nicht genug hasst, um weiter an dieser Sache festzuhalten. Sie söhnt sich mit Marcell Wedderkopp aus, beide geben sofort ihre Verlobung bekannt, und schon drei Wochen später ist – bei verkürztem Aufgebot – Hochzeit. Nach der Trauung in der Nikolaikirche gibt es eine Feier im „Englischen Hause", zu der sogar alle Treibels erscheinen, nur Leopold ausgenommen. Noch mit dem Abendzug tritt das Paar seine Hochzeitsreise nach Verona an, während sich die verbliebenen Gäste noch einmal Schmidts Huldigungslied für Jenny vortragen lassen: „Ach, nur das, nur das ist Leben, wo sich Herz zum Herzen find't."

(11) Das Englische Haus in einer Aufnahme von 1904. Warum der Solotänzer Gasperini das 1825 von ihm erbaute Haus Englisches Haus nannte, ist nicht überliefert.

Die Häuser Mohrenstraße 49/50 heute.

Kapitel 6

Effi Briest und das Zentrum

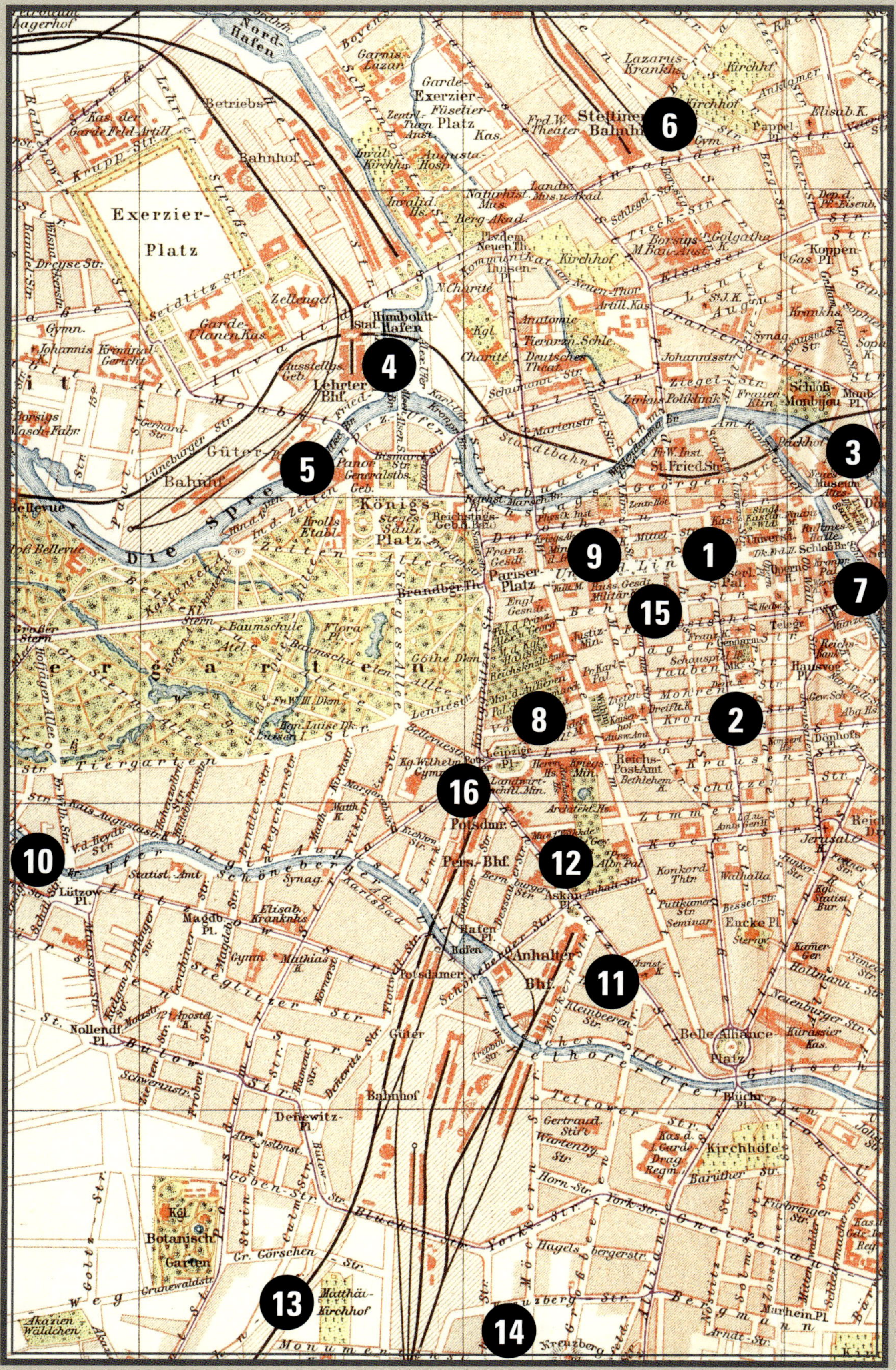

Die Schauplätze von *Effi Briest* in einem Stadtplan von 1889

1. Hotel du Nord, Unter den Linden
2. Geschäfte in der Leipziger Straße
3. Die Nationalgalerie
4. Der Lehrter Bahnhof
5. Das Nationalpanorama
6. Der Stettiner Bahnhof
7. Rotes Schloss und Café Helms
8. Das Reichskanzlerpalais
9. Das Innenministerium
10. Innstettens Wohnung in der Keithstraße
11. Effis Wohnung an der Christuskirche
12. Habsburger Hof und Prinz-Albrecht-Garten
13. Der Matthäikirchhof
14. Der Kreuzberg
15. Das Bierhaus Siechen
16. Das Weinhaus Huth

Der 1894 erschienene Roman *Effi Briest* spielt nur zu Teilen in Berlin. Effi von Briest wächst auf dem – erfundenen – Gut Hohen-Kremmen in der Nähe von Brandenburg auf. Mit siebzehn Jahren an den einundzwanzig Jahre älteren Landrat Geert von Innstetten verheiratet, folgt sie diesem zunächst nach Kessin, einer Kleinstadt an der pommerschen Ostseeküste, zu der Swinemünde auf Usedom das Vorbild geliefert hat. Erst anderthalb Jahre später – nach der Geburt einer Tochter und einer Affäre dort mit dem Bezirkskommandeur Major von Crampas – wird sie in Berlin ansässig, da Innstetten in das preußische Innenministerium berufen worden ist. In Berlin bleibt sie auch, als dieser im siebenten Jahr den Ehebruch entdeckt, Crampas im Duell erschießt und sich von ihr scheiden lässt. Erst als sie krank wird, nehmen die Eltern sie wieder auf, und bald darauf stirbt sie bei ihnen in Hohen-Kremmen.

Handlungszeit sind die Jahre von 1878 bis 1890. Berlin kommt erstmals in den Blick, als Effi mit ihrer Mutter wegen ihrer Aussteuer dorthin zum Einkaufen fährt. Sie wohnen im Hotel du Nord Unter den Linden, und Effi ist vor allem gespannt auf die „Table d'hôte" – wörtlich „Tafel des Wirtes" –, eine Hauptmahlzeit mit festem Preis, zu der sich die Hotelgäste wie zu einer Gesellschaft versammelten, damals noch am Nachmittag, später immer öfter erst am Abend.

Für die Einkäufe werden zunächst zwei Geschäfte in der Leipziger Straße genannt, das Einrichtungshaus Spinn & Mencke sowie das Bettwarengeschäft Goschenhofer.

Beachtet werden auch die Geschäfte an den „Linden", wo Effi „nach Musterung der schönsten Schaufenster in den Demuth'schen Laden eintrat, um für die gleich nach der Hochzeit geplante italienische Reise allerlei Einkäufe" zu machen. Der Demuth'sche Laden befand sich zu dem hier vorliegenden Zeitpunkt allerdings noch an der Schlossfreiheit, erst ab 1885 Unter den Linden, Ecke Wilhelmstraße, doch fiel diese Differenz schon den ersten Lesern nicht mehr auf. Bei Effis Hochzeit wird dann noch ein Koffer aus dem Hause Demuth übergeben, der sich als „eine Riesenbonbonniere von Hövel" entpuppt, eines namhaften Süßwarenherstellers aus der Friedrichstraße.

(1) Spinn & Mencke, Leipziger Straße 83.

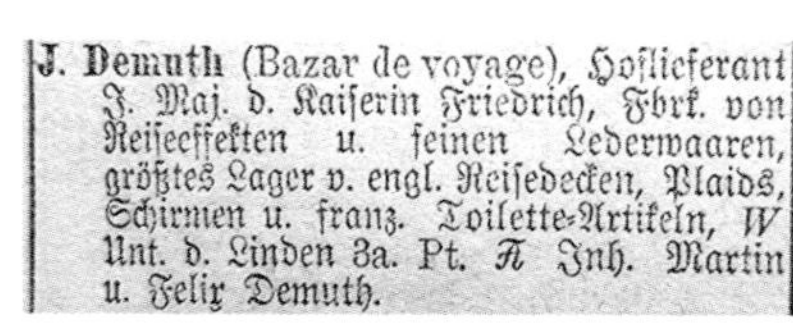

J. Demuth (Bazar de voyage), Hoflieferant J. Maj. d. Kaiserin Friedrich, Fbrk. von Reiseeffekten u. feinen Lederwaaren, größtes Lager v. engl. Reisedecken, Plaids, Schirmen u. franz. Toilette-Artikeln, W Unt. d. Linden 3a. Pt. ☎ Inh. Martin u. Felix Demuth.

82a. Friedrich-Strasse. H. V. HÖVELL, Behrenstr.-Ecke.
Königl. Hof-Confiseur,
ist von seinen Einkäufen aus Paris zurückgekehrt und bittet seine verehrten Kunden um die freundliche Besichtigung seiner
Ausstellung.
Die Firma unterhält keinerlei Niederlagen in Berlin.

Der Adressbucheintrag der Firma Demuth aus dem Jahre 1890 und eine Anzeige der Firma Hövell aus der *Vossischen Zeitung* von 1886. „Keinerlei Niederlagen" meint in diesem Fall, dass es außer dem Stammhaus an der Friedrichstraße keine Filialen der Firma in Berlin gibt.

HOTEL DU NORD

(3) Leipziger Straße 84 bis 88 um 1900. Die nach Norden verbreiterte Straße sieht heute zwischen der Jerusalemer- und der Charlottenstraße gänzlich anders aus.

Linke Seite: (2) Das Hotel du Nord um 1890. Daneben das Niederländische Palais, das Kaiserpalais und das Opernhaus.

Die Kleine Lindengasse, an deren Ecke das Hotel vormals stand, wurde in den 1920er-Jahren überbaut, sodass heute etwa anderthalb Bankhäuser auf diesen Flächen stehen. Das zerstörte Niederländische Palais wurde 1964 durch das Gouverneurshaus aus der Jüdenstraße ersetzt.

Goschenhofer & Roesicke

58. Leipziger Straße, **Berlin SW.**, Königl. Hoflieferanten **Berlin SW.**, Leipziger Straße 58.

Magazin für complete Betteinrichtungen

empfehlen:

Betten
bestehend aus: 1 Deckbett, 2 Kissen, 1 Unterbett
für Dienerschaft von Mk. 30–54.
" Herrschaften " " 60–120.
Specialität: seidene Eiderdaunen, Decken u. Plumeaux.

Bett-Inlette
bestehend aus: 1 Deckbett, 2 Kopfkissen, 1 Unterbett
für Dienerschaft von Mk. 12,20–19,70.
" Herrschaften " " 19,50–23,50.

Bett-Bezüge
1 Deckbett, 2 Kopfkissen, 1 Laken
bunt carirte von Mk. 12–20.
weiße Chiffon " " 10,50–19,50.
weiß leinene " " 18–60.

Springfeder-Matratzen
auf dem Rahmen gearbeitet
von Mk. 24–60,
auf beiden Seiten verwendbar
von Mk. 30–60.

Matratzen
Seegras von Mk. 5–7,50.
Indiafaser " " 8,50–10.
Rosshaar " " 24 an.

Keilkissen
von Mk. 2–2,75.
" " 3–5,50.
" " 10 an.

Wollene Schlafdecken
von Mk. 9,50–42.
Piqué-Bettdecken von Mk. 6 an.
Waffel-Bettdecken " " 3 an.
Steppdecken " " 7 an.

Bettfedern und Halbdaunen
pro Zoll-Pfund: Mk. 1, 1,25, 1,50, 1,75, 2, 2,25, 2,50, 3, 3,50–7,50.

Daunen
per Zoll-Pfund Mk. 4, 6, 8, 9 und 10.

Eiderdaunen
pro Zoll-Pfund: Ia. Qualität Mk. 24. IIa. Qualität Mk. 20.

Rechts: (4) Eine Zeitungsanzeige von 1879.

Gefragt wurde angesichts dieser Deutlichkeit allerdings, ob Fontane gut daran tue, häufig bekannte Berliner Geschäftsfirmen mit ihren wirklichen Namen zu nennen:

Der Realismus besteht doch darin, dass der Schein des wirklichen Lebens erzeugt wird durch die Mittel der betreffenden Kunst; führt mich so eine Firma plötzlich leibhaftig zu dem Geschäft in der Leipziger Straße, so wird der Schein des wirklichen Lebens durch ein falsches Mittel erzeugt, etwa so, wie im Wachsfigurenkabinett der Realismus der Bildhauerkunst durch mechanische Bewegungen erhöht wird.[1]

(5) Der parterre gelegene Hauptsaal des Café Bauer in einer Zeichnung von W. Busch aus dem Jahre 1883. Das 1878 eröffnete Café Bauer war ein mondänes Wiener Kaffeehaus, das von Damen, die auf sich hielten, offenbar aber nur tagsüber aufgesucht werden konnte.

Überzeugend ist dieser Einwand indes nicht, denn schon die Nennung der Leipziger Straße, ja selbst Berlins wäre dann zu beanstanden. Fontane allerdings räumte den „falschen Realismus" höflich ein, machte nur einen Witz daraus, indem er hinzufügte, von „Naturalismus" möge er nicht sprechen, „weil mir Demuth ganz unnaturalistisch vorkommt".[2] Tatsächlich hat er auch in den nachfolgenden Romanen authentische Firmennamen weiter verwendet.

Betreut bei ihrem Berliner Aufenthalt werden Mutter und Tochter Briest von Effis Vetter Dagobert, einem jungen Leutnant vom Alexander-Regiment. Er begleitet sie in den Zoo oder sitzt mit ihnen „bei Kranzler am Eckfenster oder zu statthafter Zeit auch wohl im Café Bauer" – Cafés einander gegenüber an der Kreuzung der „Linden" mit der Friedrichstraße.

Unter den Linden, Ecke Friedrichstraße, Südseite: die Cafés Bauer und Kranzler auf einer Postkarte von 1900 und dieselbe Stelle heute.

An einem der Berliner Tage führt Vetter Dagobert seine Cousine in die Nationalgalerie, um ihr das Böcklin-Gemälde *Die Gefilde der Seligen* zu zeigen. „Fräulein Cousine stehe zwar auf dem Punkte, sich zu verheiraten, es sei aber doch vielleicht gut, die ‚Insel der Seligen' schon vorher kennen gelernt zu haben", begründet er den Besuch. Arnold Böcklins Bild erregte damals – bei seiner Erstausstellung 1878 – so großes Aufsehen, dass sich sogar das Preußische Abgeordnetenhaus mit dem Ankauf beschäftigte.

Einem Abgeordneten stellte sich das Bild so dar, dass „6 bis 7 unbekleidete Persönlichkeiten beiderlei Geschlechts, wenn ich nicht irre, teilweise mit Bocksfüßen versehen, auf und ab spazieren, während im Vordergrund, in einem Wasser auf einem centaurartigen Scheusal eine ebenfalls unbekleidete Person reitet, – wohin, ist nicht recht zu sehen". Außerdem sei das Bild in so schreienden Farben gemalt, dass man versucht sei, sich „die Ohren zuzuhalten".[3] Zwar sind, wie zu erkennen, die Personen im Hintergrund nicht unbekleidet, und auch Bocksfüße sind nicht zu sehen, doch spielte das für den Skandal keine Rolle. Das Bild schien nur um jeden Preis Aufsehen erregen zu wollen, und mehr als dieses Aufsehen – verbunden mit dem anspielungsreichen Titel – will auch Fontane hier nicht in Erinnerung bringen.

Die Rückreise zu ihrer „havelländischen Bahnstation" treten Effi und ihre Mutter auf einem nicht näher bezeichneten Bahnhof an, doch ist für jeden Berliner dieser Zeit klar, dass es der Lehrter Bahnhof ist, Endpunkt der Bahnlinie von Lehrte bei Hannover, die auch durch das Havelland führt. An der gleichen Stelle steht heute – nur in Ost-West-Ausrichtung – der Hauptbahnhof, und die nördlich abgehende alte Trasse kreuzt ihn unterirdisch.

Rechte Seite: (7) Der 1871 am Spreebogen gebaute Lehrter Bahnhof und der heutige Hauptbahnhof. Die hier am Ufer wachsenden Weiden werden von Waldemar in *Stine* wegen ihres zähen Lebenswillens wehmütig betrachtet.

(6) Arnold Böcklin (1827–1901): *Die Gefilde der Seligen (1878).* – Da das Bild seit 1945 verschollen ist, gibt es von ihm nur Schwarz-Weiß-Fotografien.

(9) Hinter der Baustelle der Moltkebrücke sieht man rechts das eingebaute Rundhaus des Nationalpanoramas und direkt hinter der Brücke das Gebäude des preußischen Generalstabs.

Heute nimmt die gesamte Fläche bis rechts zum Spreeufer das Bundeskanzleramt ein.

Noch einmal gestreift wird Berlin, als das Ehepaar Innstetten von seinen Flitterwochen aus Italien zurückkommt und bis zur Weiterfahrt nach Pommern einen Zwischenaufenthalt hat. Wiederum ist Vetter Briest zur Stelle und schlägt vor, die zwei bis zum Abgange des Stettiner Zuges noch zur Verfügung bleibenden Stunden zum Besuch des St.-Privat-Panoramas zu benutzen.

Das St.-Privat-Panorama, dargeboten ab 1881 im Gebäude des Nationalpanoramas, zeigte die Erstürmung des Dorfes Saint-Privat-la-Montagne im Deutsch-Französischen Krieg 1870/71. Der Reiz solcher Panoramen lag darin, dass sie einen wirklichkeitsnahen Rundumblick auf eine ganze Landschaft oder Szenerie gewährten. Durch einen unterhalb geführten Gang gelangte man in die Mitte eines weitläufigen Raumes, wo man sich, aufgestiegen zu einer Plattform, im Zentrum eines rundum sich ausbreitenden Geschehens befand.

Das an der Wand umlaufende Bild gab den Horizont, während davor und zur Mitte hin perspektivisch vergrößert Einzelheiten plastisch ausgeführt waren, sodass die Grenze zwischen dem plastischen und dem gemalten Teil oft schwer auszumachen war. Die Vollständigkeit des Horizonts, die perspektivisch-realistische Wiedergabe der Einzelheiten und eine geschickte Beleuchtung konnten in solchen Panoramen einen nahezu perfekten Eindruck von Wirklichkeit erzeugen, und so wurde der nicht geringe Eintrittspreis von etwa einer Mark – heute wären das an die zehn Euro – gern bezahlt. War das Interesse erschöpft, verbrachte man das Panoramabild in eine andere Stadt und ein neues zog in das Rundhaus ein. Schon vor dem Ersten Weltkrieg wurden die Panoramen dann aber durch den Film – das Kino – nach und nach ersetzt.

Die Weiterfahrt mit dem Stettiner Zug weist auf den Stettiner Bahnhof als Abfahrtsort hin. Die Strecke der preußischen Staatsbahn führte von dort aus über Stettin zur pommerschen Küste bis nach Danzig. Einst war dies der Berliner Bahnhof mit dem größten Fahrgastaufkommen, da über ihn auch der Urlauberverkehr mit der Ostsee ablief. Heute erinnert nur noch die S-Bahn-Station Nordbahnhof an ihn.

Oben: (10) Der 1876 eröffnete Stettiner Bahnhof.

(8) Das St.-Privat-Panorama in einer Zeichnung von 1881. Ein Kriegsveteran, dekoriert mit einem Eisernen Kreuz, erklärt hier offenbar den Besuchern, was sich bei der Erstürmung des Dorfes Saint-Privat nahe Metz im August 1870 zugetragen hat.

Danach ist für anderthalb Jahre das erfundene Kessin in Pommern der Schauplatz. Erst Innstettens Berufung in das Innenministerium führt nach Berlin zurück. Effi kommt mit Töchterchen Annie und dem Kindermädchen aber zunächst allein, vorgeblich nur zur Wohnungssuche, tatsächlich aber, um sich aus dem Verhältnis mit Crampas zu lösen, auf das sie sich in Kessin eingelassen hat.

Diesmal trifft sie auf dem Bahnhof Friedrichstraße ein – was einigen Lesern sogleich als unrichtig auffiel: Es hätte wieder der Stettiner Bahnhof sein müssen, wurde eingewandt. Nicht beanstandet wurde, dass der Friedrichstraßen-Bahnhof erst im Sommer 1882 überhaupt und erst 1885 für den Fernverkehr eröffnet wurde, zur Zeit der Handlung – 1880 – also noch gar nicht zur Verfügung stand. Andernfalls hätte es nämlich sehr wohl auch dieser Bahnhof sein können, da es von Pommern her auch eine Bahnverbindung zum Schlesischen Bahnhof und weiter zur Friedrichstraße gab. Das Netz der Eisenbahn war damals aber eben schon so weitläufig geworden, dass über seine Ausdehnung zu bestimmten Zeitpunkten keine sicheren Vorstellungen mehr bestanden.

Oben: (11) Der Bahnhof Friedrichstraße im Jahr 1898.

(12) Eröffnung des Fernverkehrs am Bahnhof Friedrichstraße im Jahre 1885. Zeichnung von Franz Wittig.

Auf dem Friedrichstraßen-Bahnhofe war ein Gedränge; aber trotzdem, Effi hatte schon vom Coupé aus die Mama erkannt und neben ihr den Vetter Briest. Die Freude des Wiedersehens war groß, das Warten in der Gepäckhalle stellte die Geduld auf keine allzu harte Probe.

(13) Das Königliche Opernhaus mit dem Schloss im Hintergrund um 1900.

Das Hotel, in dem Effis Mutter wohnt und in das sie Effi mitnimmt – sie selbst hält sich in Berlin zu einer Augenbehandlung auf –, wird seiner Lage nach genau bestimmt. Die Droschke fährt „in die Dorotheenstraße hinein und auf die Schadowstraße zu, an deren nächstgelegener Ecke sich die ‚Pension' befand". Es ist Lamprechts Hotel in der Schadowstraße 3 und wird unter den erstrangigen Häusern dieser Zeit aufgeführt.

Neben der Wohnungssuche gehen die Damen in die Oper, „wozu der Arzt unter der Bedingung, dass Frau von Briest mehr hören als sehen wolle, die Erlaubnis gegeben hatte". Es ist natürlich das nur wenige hundert Meter entfernte Königliche Opernhaus Unter den Linden, das sie besuchen und von dem Fontane selbst übrigens befand, dass man sich darin „immer erkältet"[4].

Nachdem eine Wohnung in der Keithstraße gefunden ist, müsste Effi eigentlich nach Kessin zurückkehren. Sie täuscht jedoch eine Krankheit vor und erhält auch Innstettens Einwilligung, bis zu seiner Übersiedlung in Berlin zu bleiben. Glücklich fährt sie zu der neuen Wohnung.

Oben standen die den Tag vorher eingetroffenen Sachen noch bunt durcheinander, aber es störte sie nicht, und als sie auf den breiten aufgemauerten Balkon hinaustrat, lag jenseits der Kanalbrücke der Tiergarten vor ihr, dessen Bäume schon überall einen grünen Schimmer zeigten. Darüber aber ein klarer blauer Himmel und eine lachende Sonne.

Da das Haus ein Neubau ist, bestehen zunächst Bedenken, ob die Wohnung wegen der Feuchtigkeit genommen werden kann. „‚Ein Geheimrat ist kein Trockenwohner'", befindet Effis Mutter und spielt damit auf die zahlreichen armen Familien an, die für einen geringen Mietpreis unmittelbar nach der Fertigstellung neue Wohnungen „trocken wohnten". Das in der Atemluft enthaltene Kohlendioxyd beschleunigte das Abbinden der Kalkverbindungen in den Wänden und ersetzte die offenen Kohlenfeuer, die sonst in solchen Wohnungen unterhalten werden mussten. Die Trockenwohner sind deshalb im Berlin der Gründerzeit eine stadtbekannte Erscheinung – oft auch wegen der bei ihnen auftretenden gesundheitlichen Folgeschäden. Aber auch Fontane mit seiner Familie hat ja in den frühen Jahren Wohnungen trocken gewohnt.

(14) Das Lützowufer am Landwehrkanal und die Corneliusbrücke, links daneben die Einmündung der Keithstraße (1912).

(15) Die in den 1880er-Jahren bebaute Keithstraße (Ecke Wichmannstraße) in Richtung Landwehrkanal, links hinten der Straßenanfang mit der Nummer 1 (1925).

Als auch Innstetten in Berlin eingetroffen ist, vereinbart man mit Vetter Briest einen Stadtbummel. „Man traf sich, wie verabredet, bei Helms, gegenüber dem Roten Schloss, besuchte verschiedene Läden, aß bei Hiller und war bei guter Zeit wieder zu Haus."

Innstettens Dienstantritt fällt auf den 1. April, Bismarcks Geburtstag. Da Bismarck ihn schon auf seinem Gut in Varzin empfangen hat (Effi muss deshalb in dem Kessiner Haus über Nacht allein bleiben), begibt er sich morgens „in das Kanzlerpalais, um sich einzuschreiben (eine persönliche Gratulation unterließ er aus Rücksicht), und dann aufs Ministerium, um sich da zu melden". Dem Kanzler zum Geburtstag zu gratulieren gehörte sich in Berlin – auch für Fontane. Am 1. April 1887 schreibt er an seinen Sohn Theodor: „Heut', am Bismarckstage, haben wir wie gewöhnlich gratuliert, aber nur mit drei Karten, darunter zwei weibliche; es gab Zeiten, wo wir wie ein Clan im Kanzlerpalais auftauchten ..."[5]

Oben: Die Keithstraße (Ecke Wichmannstraße) heute.

Mitte: Eine Anzeige aus der *Vossischen Zeitung* vom November 1886, als Lorenz Adlon (1849–1921) das bei Fontane wiederholt genannte Restaurant Hiller übernahm. Der aus Mainz stammende Gastwirt fasste damit in Berlin Fuß, bevor er 1907 am Brandenburger Tor sein später berühmtes Hotel Adlon errichtete.

(16) Das Café Helms, die Häuserzeile der Schlossfreiheit und das Schloss im Jahre 1890. Das Café, 1883 eröffnet, wurde 1893 mit der gesamten Schlossfreiheit abgerissen, weil Wilhelm II. hier zu Ehren seines Großvaters das pompöse Kaiser-Wilhelm-Denkmal errichten ließ.

(17) Die Schleusenbrücke und das Rote Schloss um 1880.

Das Rote Schloss, so genannt wegen seiner dem Berliner Schloss nicht unähnlichen Renaissancefassade, nur aus Backstein, war ein 1867 eröffnetes Geschäftshaus in der Werderstraße. An seiner Stelle steht heute das vormalige DDR-Staatsratsgebäude mit dem originalen Schlossportal.

(18) Das Reichskanzlerpalais um 1880 und die in den 1970er-Jahren auf seiner Fläche errichteten Wohnhäuser.

(19) Otto von Bismarck 1881 in einer Zeichnung von Franz Lenbach (1836–1904).

(20) Das Innenministerium um 1930, im Hintergrund das Brandenburger Tor.

(21) Die Gartenfront des Charlottenburger Schlosses 1919. Die Stelen mit den Kaiserbüsten sind heute nicht mehr vorhanden.

Das Ministerium, in das Innstetten als vormaliger Landrat berufen wird, ist das Preußische Innenministerium, 1877 Unter den Linden neu errichtet.

Nach Innstettens Bürozeiten genießt es das Ehepaar, sich im Tiergarten treffen oder nachmittags einen Spaziergang nach dem Charlottenburger Schlossgarten machen zu können.

Effi sah sich, wenn sie die lange Front zwischen dem Schloss und den Orangeriebäumen auf und ab schritt, immer wieder die massenhaft dort stehenden römischen Kaiser an, fand eine merkwürdige Ähnlichkeit zwischen Nero und Titus, sammelte Tannenäpfel, die von den Trauertannen gefallen waren, und ging dann, Arm in Arm mit ihrem Manne, bis auf das nach der Spree hin einsam gelegene „Belvedere" zu.

Auch hier wird wieder, wie schon in *Irrungen, Wirrungen*, darüber gesprochen, dass im Belvedere einmal Geisterbeschwörungen stattgefunden haben sollen, und Effi mit ihrem schlechten Gewissen ist das unheimlich. Doch ereilen sie die Geister, die sie fürchtet, erst sechs Jahre später. Während sie zu einer Kur in Bad Ems weilt, stößt Innstetten zufällig auf

die Briefe, die Crampas in Kessin an sie als seine Geliebte geschrieben hat. Er fordert den einstigen Freund zum Duell, erschießt ihn und lässt sich von ihr scheiden, sodass sie mit ihrer Dienerin Roswitha fortan allein leben muss.

Ihre Bleibe wird „eine kleine Wohnung in der Königgrätzer Straße zwischen Askanischem Platz und Halleschem Tor: ein Vorder- und Hinterzimmer und hinter diesem die Küche mit Mädchengelass, alles so durchschnittsmäßig und alltäglich wie nur möglich".

Das Haus liegt gegenüber der Christuskirche, doch der Gottesdienst dort sagt ihr nicht zu: „‚Er predigt ganz gut und ist ein sehr kluger Mann, und ich wäre froh, wenn ich das Hundertste davon wüsste'", sagt sie. „‚Aber es ist doch alles bloß, wie wenn ich ein Buch lese; und wenn er dann so laut spricht und herumficht und seine schwarzen Locken schüttelt, dann bin ich aus meiner Andacht heraus.'"

Der Prediger, auf den damit angespielt wird, war Paulus Stephanus Cassel (1821–1892). Ursprünglich Rabbiner, war er erst 1855 zum protestantischen Glauben übergetreten. Er war nicht nur kurzzeitig Mitglied des preußischen Abgeordnetenhauses, sondern verfasste auch etliche religions- und kulturgeschichtliche Abhandlungen. Dass man ihn in Fontanes Familie kannte, zeigt dessen Brief vom 25. Juli 1891 an die Tochter: „Ich gehe jeden Abend um 9 bis an die Christuskirche (Paulus Cassel) ..."[6]

Oben: (22) Die Königgrätzer Straße gegenüber der Christuskirche um 1910 und dieselbe Stelle in der Stresemannstraße heute.

(23) Die 1864 vom Englischen Missionsverein erbaute Kirche wurde im Zweiten Weltkrieg zerstört.

Aus dem hinteren Zimmer von Effis Wohnung fällt der Blick auf den Kreuzberg, zu dessen bevorstehender Terrassierung gesagt wird: „‚Gott segne die Stadtverwaltung, und wenn dann erst die kahle Stelle da hinten mehr in Grün stehen wird …'" Der Viktoriapark, der die „kahle Stelle" beseitigte, wurde ab 1888 angelegt, entzog allerdings den Kindern auch ein beliebtes Spielrevier, wie ein Gemälde von Otto Piltz zeigt.

Aber auch das Bahngelände mit den zum Potsdamer und zum Anhalter Bahnhof führenden Gleisen hat seinen Reiz. „‚Sehen Sie doch nur die verschiedenen Bahndämme, drei, nein vier'", sagt der Effi besuchende Arzt Dr. Rummschüttel, „‚und wie es beständig darauf hin und her gleitet … und nun verschwindet der Zug da wieder hinter einer Baumgruppe. Wirklich herrlich.'" Das Faszinierende des Eisenbahnverkehrs ist bei Fontane nicht nur an dieser Stelle zu spüren.

Da Effi kränkelt, wird ihr zu einer Badekur geraten, überraschend allerdings gleich um die Ecke. „‚Ems würde Wunder tun'", erklärt ihr Dr. Rummschüttel, „‚aber da Sie's nicht mögen (und ich finde mich darin zurecht), so trinken Sie den Brunnen hier. In drei Minuten sind Sie im Prinz Albrecht'schen Garten, und wenn auch die Musik und die Toiletten und all die Zerstreuungen einer regelrechten Brunnenpromenade fehlen, der Brunnen selbst ist doch die Hauptsache'".

Da im Prinz-Albrecht-Brunnen nie etwas anderes als Leitungswasser gesprudelt hat, kann man grübeln, ob Fontane selbst dies unbekannt war oder ob er die ärztliche Weisheit Rummschüttels hier infrage stellen will.

Allerdings steht Effi der Sinn ohnehin eher nach Bier. Als sie sich mit Roswitha über das gemeinsame Wohnen in der Königgrätzer Straße unterhält, heißt es: *„Und wenn wir dann müde von all der Plackerei wären, dann sagte ich: ‚Nun, Roswitha, gehe da hinüber und hole uns eine Karaffe Spatenbräu, denn wenn man gearbeitet hat, dann will man doch auch trinken, und wenn du kannst, so bring uns auch etwas Gutes aus dem Habsburger Hof mit, du kannst ja das Geschirr nachher wieder herüberbringen –'"*

(25) Adolf Menzel (1815–1905): ***Der Palaisgarten des Prinzen Albrecht (1846).*** **Die Brunnenbauszene hat Menzel erst 1876 eingefügt.**

Linke Seite: (24) Otto Piltz (1846–1910): ***Volkstreiben auf dem Kreuzberg (1886).***

(26) Auch eine Bierkellerei in der Nähe von Fontanes Wohnung hat das Bier der Spaten-Brauerei verkauft.

Der Habsburger Hof auf einer Postkarte von 1928. Da das Hotel gegenüber dem Anhalter Bahnhof erst 1889 eröffnet wurde, stand es zur Handlungszeit – um 1887 – also eigentlich noch nicht zur Verfügung.

Als Effi eines Tages in der Kurfürstenstraße zufällig ihre Tochter bemerkt, wünscht sie sich ein Wiedersehen und kann auch Innstettens Erlaubnis dafür erwirken. Am Tag der Begegnung kann sie die Stunde kaum erwarten und redet sich mit Roswitha mit allem Möglichen über die Zeit hinweg, so auch, dass jene „das Petroleum doch lieber wieder aus der großen Lampenhandlung Unter den Linden als aus der Anhaltstraße holen solle". Von Qualitätsunterschieden beim Petroleum liest man etwas überrascht, aber da es die Lampenhandlung Unter den Linden gegeben hat, wird es auch damit seine Richtigkeit haben.

Das Wiedersehen mit Annie verläuft jedoch enttäuschend. Das Kind sagt zu Effis Vorschlägen für weitere Begegnungen immer nur „‚O gewiss, wenn ich darf'" und hat auch für den Vorschlag, in der Konditorei Schilling einmal ein Eis essen zu gehen, „Ananas- oder Vanilleeis", keine andere Antwort. Die Konditorei an der Friedrich-, Ecke Kochstraße empfahl sich als Hof-Konditorei und war bekannt für ihre vornehme Ausstattung.

Während Effi nach dieser Enttäuschung krank nach Hohen-Kremmen heimkehrt und dort nach einigen Monaten stirbt, widmet sich Innstetten freudlos seiner Karriere, von seinem Tun in nichts mehr überzeugt. Sein Kollege Wüllersdorf, dem es nicht anders ergeht, rät ihm, sich zu bescheiden und etwa „‚ein Auge dafür haben, wenn die Veilchen blühen oder das Luisen-Denkmal in Blumen steht oder die kleinen Mädchen

A. Schilling. Hof-Konditorei, Hofl. Sr. Kgl. Hoh. d. Prinzen Friedr. Karl v. Preußen u. Sr. Kgl. Hoheit d. Prinzen Alexander v. Preußen, SW Friedrichstr. 209. Pt. ☏ Inh. H. Giese.

Adressbucheintrag von 1890: ***A. Schilling, Hof-Konditorei, Hoflieferant Seiner Königlichen Hoheit des Prinzen Friedrich Karl von Preußen und Seiner Königlichen Hoheit des Prinzen Alexander von Preußen, Stadtbezirk Südwest. Friedrichstr. 209. Parterre. Telefonanschluss. Inhaber H. Giese.***

Oben: (27) Die seit 1875 bestehende Lampenhandlung von Fritz Heller, hier mit der 1895 erneuerten Fassade.

(28) Das 1895 errichtete Nürnberger Bierhaus Siechen in der Behrenstraße 23. Der ältere Bau der Brauerei ist das Haus Nummer 24 links daneben. – Die Häuser standen unweit der Friedrichstraße schräg gegenüber dem damaligen Metropol-Theater, der heutigen Komischen Oper.

Die Friedenskirche mit dem 1890 erbauten Kaiser-Friedrich-Mausoleum am Ostrand des Parks von Sanssouci. Kaiser Friedrich III. war 1888 nach nur 99 Tagen Regentschaft an Kehlkopfkrebs gestorben.

(29) Die Weinhandlung Huth vor 1900 und das erneuerte Gebäude (rechte Seite) aus dem Jahre 1912, das als einziges am Potsdamer Platz den Zweiten Weltkrieg überstanden hat.

mit hohen Schnürstiefeln über die Korde springen. Oder auch wohl nach Potsdam fahren und in die Friedenskirche gehen, wo Kaiser Friedrich liegt und wo sie jetzt eben anfangen, ihm ein Grabhaus zu bauen'". Innstetten, auf dessen Tisch zur Morgenlektüre die *Norddeutsche Allgemeine* und die *Kreuzzeitung* liegen, scheint das nicht zu genügen, und so weist ihn Wüllersdorf noch auf Theater und Oper hin und fügt hinzu: „‚und wenn es damit aus ist, dann haben wir Siechen. Nicht zu verachten. Drei Seidel beruhigen jedes Mal.'"

Wüllersdorf verabschiedet sich dann zu einem Spaziergang „‚am Kanal hin bis an die Charlottenburger Schleuse und dann wieder zurück. Und dann ein kleines Vorsprechen bei Huth, Potsdamer Straße, die kleine Holztreppe vorsichtig hinauf. Unten ist ein Blumenladen'".

Von der Keithstraße bis zur Charlottenburger Schleuse und zurück sind es gut fünf Kilometer und dann noch zwei durch den Tiergarten bis zum Weinhaus Huth. Dieses Weinhaus lag – wie noch heute – unmittelbar am Potsdamer Platz, also in direkter Nachbarschaft von Fontanes Wohnung in der Potsdamer Straße. Dort, erklärt Wüllersdorf, treffe er immer auf „allerlei bekannte Männer", die aus Politik und Gesellschaft dies und das zu erzählen hätten. „‚Dreiviertel stimmt nicht, aber wenn es nur witzig ist, krittelt man nicht lange dran herum und hört dankbar zu.'" Auch Fontane, der sich im Weinhaus Huth gelegentlich einem Stammtisch um den Geheimrat Metzel zugesellte, hat hier gern zugehört.[7]

Kapitel 7

Die Poggenpuhls und der Süden

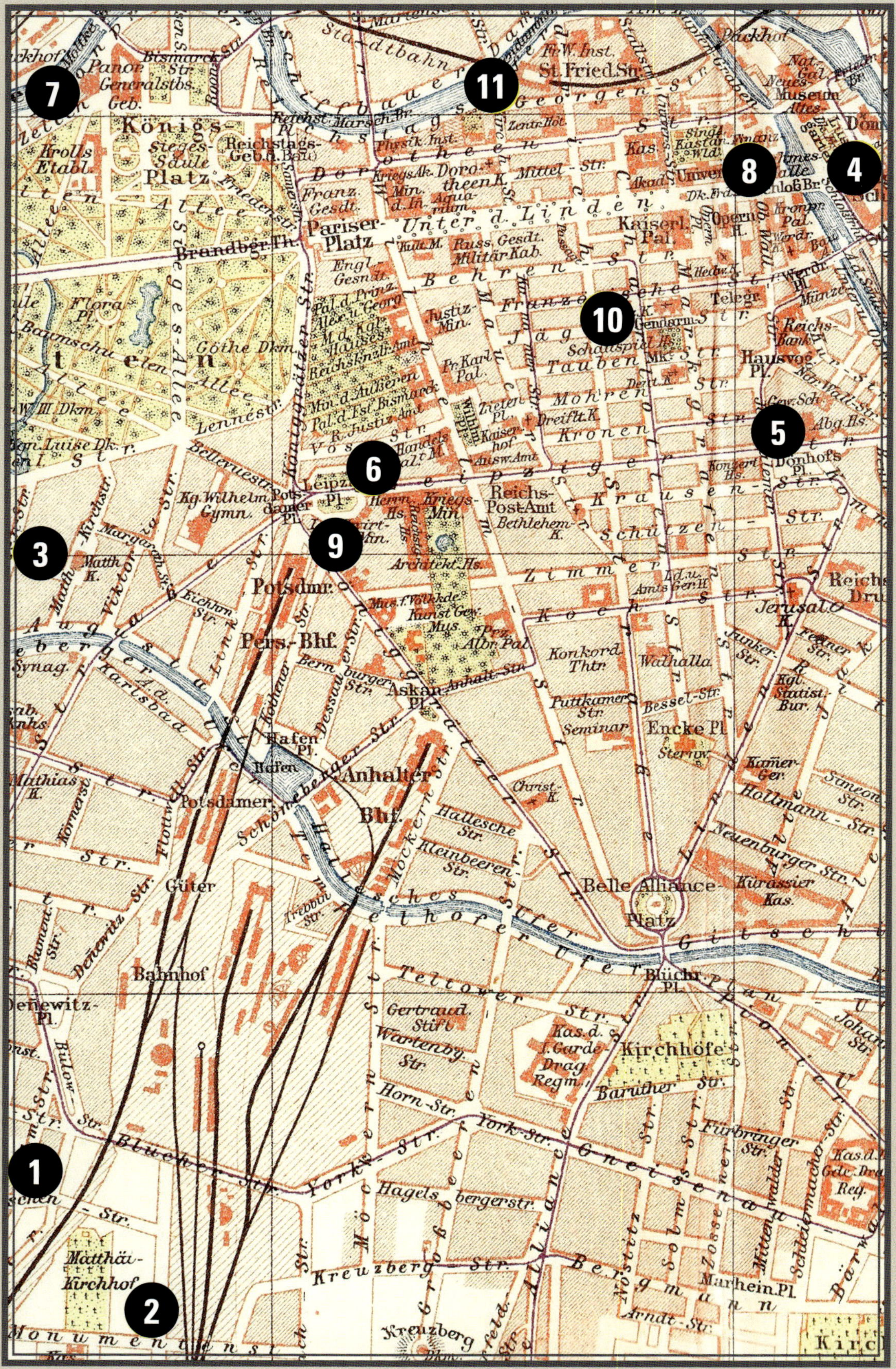

Die Schauplätze der *Poggenpuhls* in einem Stadtplan von 1889

1. Die Wohnung der Poggenpuhls in der Großgörschenstraße
2. Der Matthäikirchhof
3. Die Matthäikirche
4. Der Weihnachtsmarkt am Schloss
5. Die Reichshallen am Dönhoffplatz
6. Das Bankiershaus in der Voßstraße
7. Das Nationalpanorama
8. Die Neue Wache Unter den Linden
9. Das Hotel Fürstenhof am Potsdamer Platz
10. Das Schauspielhaus am Gendarmenmarkt
11. Der Bahnhof Friedrichstraße

Unter den Berlin-Romanen Fontanes sind die 1896 erschienenen *Poggenpuhls* der unscheinbarste. Das Buch sei kein Roman und habe keinen Inhalt, räumte Fontane selbst ein, habe aber immerhin zwei Tugenden: „Erstens ist es kurz, und zweitens wird nicht drin geschossen." Das „Wie" müsse für das „Was" eintreten, ihm selbst eigentlich das Liebste, aber natürlich dürfe die Literatur „nicht auf den Geschmack ganz, ganz alter Herren aufgebaut werden".[1]

Der Anlage nach kann der Roman als ein Voraus- oder Seitenstück zu Thomas Manns *Buddenbrooks* bezeichnet werden, die Geschichte vom *Verfall einer Familie*, die hier nur keine bürgerliche, sondern eine von altem preußischen Adel ist. Die Majorin Poggenpuhl lebt mit ihren drei erwachsenen Töchtern in höchst bescheidenen Verhältnissen in einer Berliner Drei-Zimmer-Wohnung. Der Mann und Vater ist 1870 im Deutsch-Französischen Krieg gefallen, zwei Söhne und Brüder sind Berufsoffiziere, nur ohne Karriereaussichten, und der ganze Stolz der Familie sind ein unter Friedrich dem Großen bei Hochkirch gefallener Major und ein gegen Napoleon mit dem Pour le Mérite ausgezeichneter Rittmeister. Beider Bilder hängen im Wohnzimmer über dem Sofa und müssen von dem alten Dienstmädchen regelmäßig entstaubt werden. Die Handlung besteht aus weiter nichts als aus einem Blick in dieses Milieu, wenn auch mit dem halbwegs tröstlichen Ende, dass ein durch Heirat besser gestellter Poggenpuhl, ein Onkel der fünf Geschwister, ihr Auskommen nach seinem Tod mit einer kleinen Erbschaft sichert.

Die Wohnung der Poggenpuhls liegt in der Großgörschenstraße, Ecke Culmstraße und damit hart neben der damals hier schon vorbeiführenden Bahnlinie nach Potsdam. Von ihr ist allerdings mit keinem Wort die Rede, sondern hervorgehoben wird die Aussicht der Vorderfenster „auf die Grabdenkmäler und Erbbegräbnisse des Matthäikirchhofs, während nach hinten hinaus nur die Rückfronten der Culmstraße zu sehen sind, an deren einer man, in abwechselnd roten und blauen Riesenbuchstaben, die Worte ‚Schulzes Bonbonfabrik' lesen konnte". Das spielt an auf Müllers Bonbonfabrik in der Culmstraße 18, während der Matthäikirchhof wirklich ein mit langen Reihen von Erbbegräbnissen versehener Friedhof ist, den auch Fontane geschätzt hat.

Die überwiegend erst in den 1890er-Jahren bebaute Großgörschenstraße wurde auf ihrer Nordseite, wo die Wohnung der Poggenpuhls anzunehmen ist, weitgehend zerstört. Nur auf der Südseite haben sich einige Häuser mehr erhalten. Hier der Blick in die Straße mit dem Eckhaus zur Kulmer Straße, wie sie heute heißt, und damit dem Haus, das der von Fontane bezeichneten Stelle gegenüberliegt.

Die Geschichte beginnt damit, dass Leo, der jüngere der Brüder, aus seiner Garnison in Posen zu Besuch kommt. Es ist Anfang Januar 1888, und er möchte nach der Öde seines Militärdienstes als Erstes wieder etwas von Berlin sehen. Mit den beiden jüngeren Schwestern soll zunächst der Weihnachtsmarkt besichtigt werden – „,ein paar Buden werden ja wohl noch stehen'" –, und danach Café Helms folgen. Es ist das Café gegenüber dem Schloss, das auch in *Effi Briest* aufgesucht wird, also gleich neben dem Weihnachtsmarkt, der damals zwischen Schloss und Lustgarten stattfand. Mehr als eine Tasse Schokolade kann sich Leo in dem Lokal aber nicht leisten.

Grabstätten auf dem Matthäikirchhof, wie sie damals von der Großgörschenstraße aus wegen des geringeren Baumbestandes vielleicht noch zu sehen waren. Es sind die Erbbegräbnisse wohlhabender Familien aus dem „Geheimratsviertel", dem Gebiet um die Matthäikirche westlich des Potsdamer Platzes.

Anschließend gehen die Geschwister in die Reichshallen, ein Varietélokal an der Nordseite der Leipziger Straße gegenüber dem Dönhoffplatz. Therese, die älteste der Schwestern und um den Familienruf nächst der Mutter am meisten besorgt, hat sich deshalb dem Stadtbummel auch nicht angeschlossen, die Reichshallen sind ihr „nicht fein genug".

Auf dem Rückweg begleitet Leo die Schwestern noch bis zur Voßstraße, wo sie in der Familie eines jüdischen Bankiers ein Theaterstück für einen Polterabend einstudieren. Sophie, die Ältere, hilft sonst dort den Kindern bei den Schularbeiten, und die siebzehnjährige Manon ist für deren Spielstunden gefragt. Beide tragen sie durch ihren Einsatz – anscheinend in mehreren solcher Häuser – zum Unterhalt der Familie wesentlich bei.

Der standesbewussten Mutter und auch der ältesten Schwester ist es zwar nicht recht, dass es immer nur jüdische Familien sind, aber gegen deren Großzügigkeit ist schlecht anzureden. Leo seinerseits erwägt sogar, eine Jüdin zu heiraten, um endlich aus der finanziellen Misere herauszukommen, muss dies deshalb aber umso mehr zu Hause verschweigen. An eine Militärkarriere in den Fußstapfen der Vorfahren wäre mit einer jüdischen Ehefrau nicht mehr zu denken.

(1) ***Weihnachtsmarkt (1891).*** **Zeichnung von F. Bergen.**

Das Ensemble der "Stettiner Sänger", 1879 in Stettin gegründet, trat seit 1883 in den Reichshallen auf und konnte sich dort über zwanzig Jahre lang mit Gastspielen behaupten.

Eine Postkarte von 1902 (Text hier hinzugefügt).

Unten: (2) Ein Detail des Rezonville-Panoramas.

Auch am nächsten Tag geht Leo wieder in die Stadt, diesmal allein mit Manon. Er möchte „mal wieder eine Litfaßsäule studieren", Offerten wie „Wer dreihundert Mark sparen will" oder „Mittel gegen den Bandwurm" lese er ungeheuer gern. Besucht wird aber auch das Rezonville-Panorama, die Darstellung einer Episode aus dem 1870er-Krieg, die – allerdings erst ab 1893 – im Nationalpanorama neben dem Generalstabsgebäude zu sehen war. „‚So was verstehn die Franzosen'", sagt er anerkennend und gibt damit wieder, was auch Fontane nach dem Besuch des Panoramas 1893 an seine Tochter schrieb: „So wie sich's um Kunst handelt, schrumpfen wir zusammen. Selbst in Emeuten und Barrikadenbauen haben die Franzosen mehr chic."[2]

Nach dem Panorama wollen sich die Geschwister Unter den Linden noch den Aufzug der Wache ansehen, „‚mit voller Musik, und wenn wir Glück haben, steht der alte Kaiser am Fenster und grüßt uns. Oder wir können's uns wenigsten einbilden'".– Der Kaiser am „Eckfenster", wie er schon in *L'Adultera* wahrgenommen wird.

Noch am selben Nachmittag trifft der Onkel Eberhard von Poggenpuhl aus dem Riesengebirge ein, pensionierter General und dank einer reichen Heirat finanziell besser gestellt. Er möchte der „Frau Schwägerin" zum Geburtstag gratulieren, kommt aber eigentlich wegen „Hypotheken, Abschreibungen und auf der Bank allerlei Sachen". Er ist „im Fürstenhof abgestiegen", den Potsdamer Platz vor Augen, weil er in der Abgeschiedenheit seines Riesengebirgsdorfes nichts so sehr vermisst wie großstädtisches Leben.

Wenn ich mich da morgens ins Fenster lege, links und rechts ein Sofakissen unter dem Arm, und die frische Winterluft kommt so vom Hallschen Tor her – was ich mir wohl gönnen kann, weil ich dran gewöhnt bin, denn von unsrer alten Koppe herunter pustet es noch ganz anders – und ich habe dann so Café Bellevue und

Josty vor mir, Josty mit dem Glasvorbau, wo sie schon von früh an sitzen und Zeitungen lesen, und die Pferdebahnen und Omnibusse kommen von allen Seiten heran, und es sieht aus, als ob sie jeden Augenblick ineinander fahren wollten, und Blumenmädchen dazwischen (aber es sind eigentlich Stelzfüße), und in all dem Lärm und Wirrwarr werden dann mit einem Male Extrablätter ausgerufen, so wie Feuerruf in alten Zeiten und mit einer Unkenstimme, als wäre wenigstens die Welt untergegangen – ja, Kinder, wenn ich das so vor mir habe, da wird mir wohl, da weiß ich, dass ich mal wieder unter Menschen bin, und darauf mag ich nicht gern verzichten.

Das „Im-Fenster-Liegen" war über Generationen hin in den Städten üblich, besonders am späten Nachmittag bis zur Dämmerung, denn es war auch der Inbegriff der Faulheit und deshalb tagsüber nicht angeraten. Dass die Blumenmädchen „eigentlich Stelzfüße" sind, erklärt sich aus den kürzeren Röcken und Kleidern, die sie trugen, im Unterschied zu der bis zu den Füßen reichenden üblichen Damenbekleidung.
Für den Abend verabredet man sich zu einem Besuch des Schauspielhauses. Gespielt werden die *Quitzows* von Ernst von Wildenbruch, ein preußisch-vaterländisches Stück, das den Onkel in Fontane'scher Manier zu allerhand Kommentierungen veranlasst.

Nach der Vorstellung suchen er und die vier Geschwister noch ein Theaterrestaurant in der Charlottenstraße auf. Es ist nach zehn Uhr, alles ist „ziemlich besetzt", aber man kann ohne Weiteres noch „soupieren". Bestellt wird gebratene Seezunge, nur Therese nimmt Makkaroni mit Tomaten. Der Onkel lobt, was der Kellner bringt:

Ja, Berlin wird Weltstadt. Aber was mehr sagen will, es wird auch Seestadt. Sie reden ja schon von einem großen Hafen, ich glaube, da bei Tegel herum, – und ich kann wohl sagen, diese Seezunge schmeckt, als ob wir den Hafen schon hätten oder als ob wir hier mindestens in Wilkens Keller in Hamburg säßen.

Die Rechnung zahlt Leo mit einem ihm vom Onkel zugesteckten Hundertmarkschein, dessen „sehr respektable Überreste" ihm obendrein überlassen werden.

Zu Hause, längst nach Mitternacht, redet Manon noch mit ihrem Bruder über seine Heiratsgedanken. Eine Esther Blumenthal aus Thorn kommt für ihn in Betracht, aber der Schwester scheint sie zu Ruhm und Namen der Poggenpuhls nicht zu passen. Die Bankiersfamilie Bartenstein, bei der sie selbst ein und aus geht, sei sehr viel besser, erklärt sie ihm, zumal sie Aussicht habe, „bei der nächsten Anleihe geadelt"

Die Wachablösung auf einer Postkarte von 1900.

Blick über den Potsdamer Platz nach Norden, rechts vorn das Hotel Fürstenhof, links mit dem Vordach das Café Josty am Hotel Bellevue. Postkarte von 1901.

Heute steht an der Stelle des Bellevue ein Marriott-Hotel und links daneben, teils schon auf der Fläche der früheren Bellevuestraße, das Hotel Ritz-Carlton.

zu werden. Leo allerdings will von Namensvorbehalten nichts hören. „‚Nehmen wir da beispielsweise den großen Namen Hildebrand'", wendet er ein. „‚Es gibt, glaub ich, drei berühmte Maler dieses Namens [...]. Aber wenn irgendwo von Hildebrand gesprochen wird, wohl gar in der Weihnachtszeit, so denkt doch kein Mensch an Bilder und Büsten, sondern bloß an kleine dunkelblaue Pakete mit einem Pfefferkuchen obenauf und einer Strippe drum herum.'"

Am nächsten Morgen verlässt Leo die Familie wieder, und die Schwestern fahren in die Stadt, um noch „nachträgliche Neujahrsvisiten" zu machen. Sie nehmen die Pferdebahn – allerdings nicht an der nächsten Haltestelle, sondern erst am Botanischen Garten – heute Kleist-Park –, weil es nach dem „Zonentarif" von dort aus billiger ist. Währenddessen findet sich der Onkel im Hause ein und meldet der Schwägerin überraschend den Wunsch an, die Tochter Sophie mit ins Riesengebirge zu nehmen. Sie male so gut und solle dort seiner Frau „neue Wappenteller" malen, und wenn sie das stille Haus mit ihrem Gesang belebe, werde das auch erfreuen. Die Mutter kann das natürlich nicht ablehnen, und so reisen beide noch am selben Tag ab.

(3) Das Café Josty nach einem Gemälde von Paul Höniger (1865–1924) aus dem Jahre 1890. Im Hintergrund das Torhaus zur Leipziger Straße, rechts daneben gerade noch der Fürstenhof.

Das Königliche Schauspielhaus um 1900 auf einer Postkarte. Hier war Fontane von 1870 bis 1889 für die *Vossische Zeitung* als Theaterkritiker tätig.

Das weitere Geschehen ergibt sich aus Briefen, Briefen der Geschwister untereinander und solchen der Mutter. Sophie bleibt monatelang weg, weil sie sich erst beim Schlittenfahren ein Bein bricht und dann statt der Wappenteller eine ganze Dorfkirche auszumalen unternimmt. Leo verzichtet auf die Annäherung an die junge Jüdin in Thorn, weil sie ihm zu dick ist, und Manon kann die beiden Brüder nicht veranlassen, eine Familiengeschichte der Poggenpuhls zu verfassen, um damit bei den Bartensteins Eindruck zu machen.

So kommt der Herbst heran, als die Nachricht eintrifft, dass der Onkel plötzlich verstorben ist. Mit dem Nachtzug fahren die Frauen vom Bahnhof Friedrichstraße ins Riesengebirge, so wie es auch Fontane manchmal gemacht hat. Zum Abschied ermahnen sie die Haushälterin (die auch bei den Poggenpuhls nicht fehlt), immer auf der Hut zu sein. Wenn es klingle, rät man ihr, „‚mache nicht gleich auf und schiebe dir lieber erst eine Fußbank ran, dass du durchs Oberfenster sehen kannst [...]. Und wenn du aufmachst, immer noch die Kette vor und immer bloß durch die Ritze [...]. Neulich ist erst wieder eine Witwe totgemacht worden'".

Die Beerdigung des Onkels und der Aufenthalt bei der Tante lassen den alten Adelsstolz noch einmal aufkeimen. Der gediegene Wohlstand auf dem kleinen Schloss und das vornehme Wesen der Tante zeigen den Berliner Frauen, was auch für sie standesgemäß wäre, und da die Witwe ihnen ein großzügiges Legat aussetzt, werden sie künftig sogar etwas weniger weit davon entfernt sein.

Therese findet im Übrigen, dass selbst die Natur hier einen vornehmeren Eindruck als in Berlin mache, und nennt die Verhältnisse im Tiergarten „‚geradezu zynisch'". Man sehe da „‚Statuen und Reliefs, die das Zynische rücksichtslos herauskehren'", weil sie nichts verhüllten. Und noch schlimmer seien die Menschen. „‚Auf jeder Bank sitzt ein Paar und verletzt durch seine Haltung. Und wenn man endlich wo Platz nehmen will, an einer Stelle, wo sich zufällig kein Paar befindet, so kann man es auch nicht, weil man nie weiß, wer

vorher da gesessen hat.'" Selbst wo Kinder spielten, sei man nicht sicher, „,oft am wenigsten'", es fehle einfach „,allem der Zauber des Unberührten'". – Auch wenn dies das Urteil einer allzu empfindlichen adligen Jungfer ist, für ganz verkehrt soll man es offensichtlich nicht halten.

Die Rückkehr in die Großgörschenstraße vollzieht sich aber doch in einer gehobenen Gestimmtheit. Weil der Droschkenkutscher das Gepäck nicht nach oben tragen will – er „könne nicht von dem Pferde weg, er käme sonst in Strafe", mault er –, übernimmt wider Erwarten, von der edlen Haltung der Damen beeindruckt, der Hauswirt die Sache und wird mit einem Markstück nobel belohnt.

An den Verhältnissen der Poggenpuhls wird sich dennoch nichts ändern. Therese sieht voraus, dass sie unverheiratet bleiben muss, Manon will ihre Beziehungen zu den jüdischen Häusern fortsetzen, um wenigstens etwas Komfort zu genießen, und nur Sophie, die bald an die Seite der Tante zurückkehren wird, hat vielleicht Aussicht, über deren Wohlwollen eines Tages noch eine „gute Partie" zu werden. Die Söhne hingegen bleiben, was sie und wo sie sind, die Zeit der „großen" Poggenpuhls ist für immer vorbei.

Honig- und Gewürzkuchen,
sowie Konfekte für den Weihnachtsbaum
von Schokolade, Marzipan und Zucker
empfehlen in reichhaltigster Auswahl
Theodor Hildebrand & Sohn,
Hoflieferanten Sr. Maj. des Königs,
Berlin C., Spandauer Strasse 47/48.
Leipziger Strasse 100. Potsdamer Strasse 22b.

Eine Anzeige in der *Vossischen Zeitung* vom Dezember 1892. Das Warenzeichen „Hildebrands" meldete die Firma erst 1897 an.

Linke Seite: (4) Bahnhofszene 1892 in einer Zeichnung von W. Gause.

(5) *Vor der Löwengruppe im Tiergarten 1887.* Zeichnung von F. Stahl. Neben dem schon in *Irrungen, Wirrungen* wahrgenommenen Denkmal ist hier eine Spreewaldamme mit Säugling zu sehen, wie sie auch in *Cécile* vorkommt und dort Gordon veranlasst, eine Parkbank zu räumen. Nochmals ist im *Stechlin* von einer „Madam" die Rede, die mit einer Spreewaldamme an ihrer Seite die Pferdebahn benutzt und damit für Offiziere das Mitfahren eigentlich unmöglich macht. Therese Poggenpuhl mag auch an das ungenierten Verhalten der Kinder im Tiergarten denken und Anstoß daran nehmen.

Kapitel 8

Hier und dort:
Cécile – Mathilde Möhring – Der Stechlin

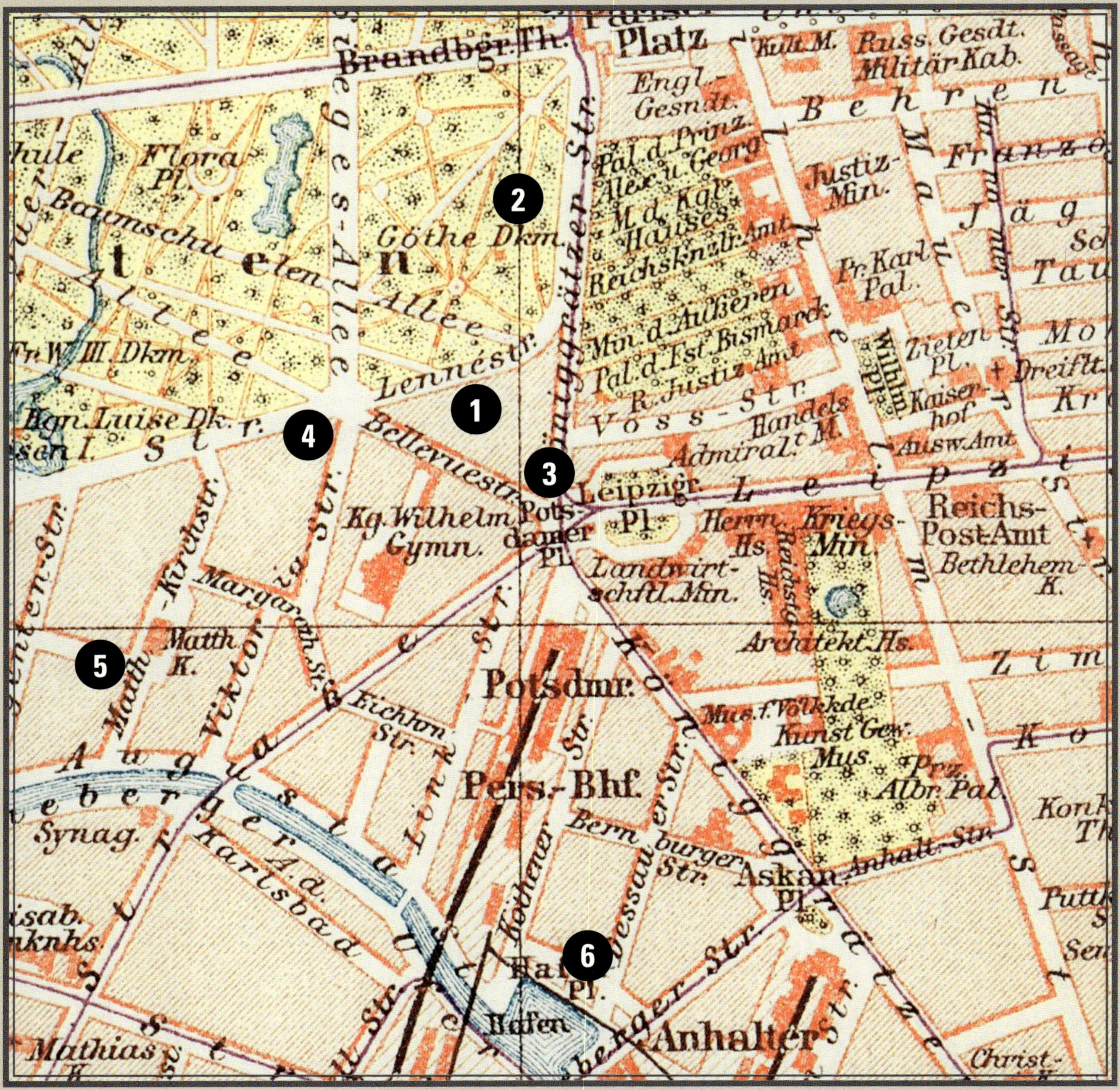

Die Schauplätze von *Cécile* in einem Stadtplan von 1889

1. Die Wohnung Gordons in der Lennéstraße
2. Das Goethe-Denkmal im Tiergarten
3. Das Hôtel du Parc am Potsdamer Platz
4. Der Kemperplatz
5. Die Matthäikirche
6. Die Wohnung Céciles am Hafenplatz

Cécile, 1887 erschienen, könnte man als den zweiten Berliner Zeitroman Fontanes bezeichnen, spielte nicht der größere Teil der Geschichte nur an einem Urlaubsort der Berliner, nämlich in Thale im Harz. Dort, wo sich auch Fontane Anfang der 1880er-Jahre mehrmals hintereinander im Sommer aufhielt, lernt der Ingenieur und Geschäftsmann Robert Leslie-Gordon das Ehepaar St. Arnaud kennen und beginnt die junge Frau heftig zu umwerben. Der wesentlich ältere Ehemann, ein verabschiedeter Oberst, nimmt das nicht weiter ernst, da er die gesellschaftlichen Formen gewahrt sieht und ihm seine Frau auch nicht viel bedeutet.

Als jedoch in Berlin die Verbindung wieder aufgenommen wird, ändert sich das. Gordon hat in der Zwischenzeit erfahren, dass Cécile in ihren Jugendjahren die Geliebte erst eines Fürsten und dann seines Neffen gewesen ist, und meint nun ein Recht auf größeres Entgegenkommen zu haben. Als er sie eines Tages in der Oper an der Seite eines anderen Mannes sieht, sucht er sie noch am selben Abend zu Hause auf, um sie zur Rede zu stellen. Damit aber sind für den Gatten die Grenzen überschritten. Er fordert Gordon zum Duell, erschießt ihn und verschwindet nach Italien. Cécile soll ihm folgen, doch im Bewusstsein ihrer gesellschaftlichen Vorverurteilung nimmt sie sich das Leben.

(1) *Markt am Leipziger Platz (1885)* vor dem linken Torhaus zum Potsdamer Platz. Aquarell von Paul Andorff (1849–1920).

Der Schauplatz Berlin wird betreten, als Gordon seine zuvor in Bremen geführten Verhandlungen – es geht um die Verlegung eines Seekabels – in Berlin weiterzuführen hat. Er hat sich deshalb eine Wohnung in der Lennéstraße gemietet und trifft dort im August 1884 ein. Sein Vorhaben, sich erst einmal vom Fenster aus das Stadtleben anzusehen, erfährt allerdings schnell einen Dämpfer. „‚Aber Häuser und Menschen in der Lennéstraße'", stellt er fest, „‚da hätt ich mir freilich einen anderen Stadtteil und vor allem ein anderes Vis-à-vis suchen müssen. Alles ist so still und verkehrslos hier, als ob es eine Privatstraße wäre mit einem Schlagbaum rechts und links.'" Später wird erwähnt, dass nachts – wohl wegen des unübersichtlichen Tiergartens – sogar ein Wächter dort patrouilliert. Immerhin deutet sich durch die Bäume hindurch das Schaper'sche Goethe-Denkmal an, und auch etwas Bewegung gibt es: aus einem Schlauch wird – offenbar zentral angestellt – ein Rasenstück bewässert.

Weil er weiter nichts zu tun hat, beschließt er, das Ehepaar St. Arnaud aufzusuchen, das am Hafenplatz wohnt. Der Weg dorthin führt ihn über den Potsdamer Platz, der allerdings „wegen Kanalisation und Herstellung eines Inselperrons unpassierbar" ist. Und auch am Rand kommt er schlecht vorbei, denn es ist gerade Markt, der, „wie gewöhnlich an dieser Stelle, zwischen Straßendamm und Häuserfront abgehalten wurde":

Hier saßen die Marktfrauen in einer Art Defilee „gekeilt in drangvoll fürchterliche Enge", durch welche Gordon nun hindurch musste. Wirklich, das war nichts Leichtes, aber so schwer es war, so vergnüglich war es auch, und auf die Gefahr hin, überrannt zu werden, blieb er stehen und musterte die Szenerie. Weit hin standen die Himbeer-Tienen am Trottoir entlang, nur unterbrochen durch hohe kiepenartige Körbe, daraus die Besinge [Heidelbeeren], blauschwarz und zum Zeichen ihrer Frische noch mit einem Anfluge von Flaum, hervorlugten. In Front aber, und zwar als besondere

Prachtstücke, prangten unförmige verspätete Riesenerdbeeren auf Schachtel- und Kistendeckeln, und dazwischen lagen Kornblumen und Mohn in ganzen Bündeln, auch Goldlack und Vergissmeinnicht, samt langen Bastfäden, um, wenn es gewünscht werden sollte, die Blumen in einen Strauß zusammenzubinden. Alles primitiv, aber entzückend in seiner Heiterkeit und Farbe.

Rechts ab durch die Köthener Straße gelangt er zum Hafenplatz, vermutend, dass Cécile im Diebitsch'schen Hause wohnen werde, dessen maurischer Einschlag – der Architekt hat auch in Ägypten gebaut – gut zu ihr passen würde. Es ist jedoch ein Nachbarhaus „von kaum minderer Eleganz, wie gleich sein Eintritt ihm zeigen sollte. Die Stufen waren mit Teppich, das Geländer mit Plüsch belegt, während die buntbemalten Flurfenster ein mattes Licht gaben". Die Arnauds sind allerdings nicht zu Hause, sondern noch auf ihrem Gut, dem Gut der Frau, wie Gordon schnell folgert, „denn Obersten haben keine Güter".

Fontane kannte das „maurische Haus" am Hafenplatz gut, weil dort der für ihn tätige Bankier Siegmund Sternheim wohnte. Gordon kann deshalb auch die hinter diesen Häusern sich darbietende Szenerie bewundern. Es ist *eine Art Föderativstaat von Gärten, zwanzig oder mehr, die, durch niedrige, kaum sichtbare Heckenzäune voneinander getrennt, ein einziges großes Blumencarré bildeten: Astern in allen Farben, aus denen Rondelle von Canna indica emporblühten [...], und auf einer ihnen gegenüber gelegenen Veranda standen Damen im Gespräch und fütterten Tauben.*

„Insel der Seligen", ist der Eindruck, den er hat, hier vermerkt zumal aus dem Grund, dass der Hafenplatz, das Areal vor den Häusern, eine eher hässliche Industriezone war. Die in ihrer Ehe unglückliche Cécile hört allerdings auch etwas Kränkendes heraus.

(2) Die Lennéstraße am Tiergarten um 1880 und heute.

(3) Die Häuserreihe am Hafenplatz um 1890. Das Gebäude am Ende mit der Kuppel – Fontane nennt sie „Alhambra-Kuppel" – ist das 1857 von Carl von Diebitsch (1819–1869) erbaute Haus. Es wurde wegen seiner bunt schimmernden Ziegel als orientalisch empfunden.

Der Straßenzug am Hafenplatz heute.

(4) Der Schöneberger Hafen um 1900. Rechts die Häuser am Hafenplatz mit einer Krananlage davor, links im Hintergrund die alte Köthener Brücke über dem Landwehrkanal. Dieser älteste Hafen von Berlin verlor schon damals an Bedeutung und wurde nach dem Zweiten Weltkrieg zugeschüttet.

Heute verläuft hier parallel zum Kanal das Hallesche Ufer, während die vormalige Hafenfläche dahinter zum Mendelssohn-Bartholdy-Park gehört.

Auch in den nächsten Tagen hat Gordon nicht viel zu tun – Berufliches spielt bei Fontane ohnehin nie eine Rolle – und ist schon froh, „in dem ihm nahe gelegenen ‚Hôtel du Parc' einen ihm zusagenden Platz für Unterbringung seiner Abende zu finden. Er saß hier oft halbe Stunden lang und länger in dem schmalen Glaspavillon und las entweder die Zeitungen oder plauderte mit dem Wirt".

Die Verweildauer – „halbe Stunden lang und länger" – wirkt eher kurz und kann nur bedeuten, dass Fontane sich selbst dabei zum Maßstab nimmt. Längere Lokalaufenthalte schätzte er nicht, und unter Langeweile am Abend hat er schon gar nicht gelitten.

Als Gordon Cécile wieder zu Hause weiß, kann er es kaum erwarten, sie aufzusuchen, und erlegt sich mühsam eine Anstandsfrist von drei Tagen auf. Der „längeren Vorfreude halber" wählt er dann noch einen Umweg über den Kemperplatz und an der Matthäikirche vorbei und erreicht diesmal den Hafenplatz vom Schöneberger Ufer her. Dort biegt er „links ein und passierte gleich danach die kleine, hier noch aus älterer Zeit her den Verkehr nach dem Hafenplatz hin vermittelnde Dreh- und Gitterbrücke".

Das Wiedersehen mit Cécile gestaltet sich zunächst durchaus harmonisch. Gordon besucht sie in den folgenden Wochen immer öfter und schickt ihr auch noch Briefchen, was der Ehemann geradezu amüsiert zur Kenntnis nimmt. Um ihn als Hausfreund auch offiziell einzuführen, wird er in kleinem Kreis zu einem „Mittagessen eingeladen. Fünf Uhr. Im Überrock", also formlos und nicht im Gesellschaftsanzug, wie vielleicht zu erwarten gewesen wäre.

(5) Der Potsdamer Platz mit dem Hôtel du Parc, an dessen Stelle 1887 das Hotel Bellevue errichtet wurde. Links die Bellevuestraße.

Wenige Tage später jedoch erfährt er aus einem Brief seiner Schwester vom „Vorleben" Céciles, nämlich ihrer Rolle als der Geliebten eines Fürsten, in die sie durch ihre Mutter als Siebzehnjährige gedrängt wurde. Und er erfährt auch, dass St. Arnaud, als er sie vor vier Jahren sich zur Frau wählte, ihretwegen ein Duell ausgetragen und den Beleidiger erschossen hat. Dafür hatte er dann neun Monate Festungshaft zu verbüßen und musste seinen Abschied nehmen.
Gordon sieht sich an die Vornehmheit des bisherigen Umgangs nicht mehr gebunden und deutet der kränkelnden Cécile an, dass er bereit sei, sie aus der Tristheit ihres Ehelebens herauszuführen. Sie mahnt ihn eindringlich, solche Avancen zu unterlassen, und Gordon weiß nicht recht, ob er die Verbindung zu ihr abbrechen oder sie aufrechterhalten soll.

Solchen Gedanken hängt er im Tiergarten nach, auf einer Bank, „die, trotzdem die Oktobersonne einladend darauf schien, unbesetzt war". Allerdings nicht lange, dann nimmt neben ihm „eine Spreewaldsamme mit einem Kinderwagen" Platz. Gordon, der bei seiner Ankunft in der Lennéstraße noch nach diesen Ammen Ausschau gehalten hatte, weil er sich erinnerte, wie sonst der Tiergarten „aus lauter roten Kopftüchern und blauweißen Kinderwagen zu bestehen" schien, ist diesmal wenig erfreut. „Er sah nach ihr hin, aber die gewulsteten Hüften samt dem Ausdruck von Stupidität und Sinnlichkeit waren ihm in der Stimmung, in der er sich befand, geradezu widerwärtig, und so stand er, übrigens zu sichtlicher Verwunderung seiner Bankgenossin, rasch auf, um weiter in die Parkanlagen hineinzugehen." Es sind seine eigenen sinnlichen Wünsche in Bezug auf Cécile, die er damit abschütteln will.

(6) Blick vom Kemperplatz in die Lennéstraße um 1890. Das Eckhaus vorn – Bellevuestraße 10 – gehörte einem Gerson, Mitinhaber des namhaften Tuchhandels- und Damenkonfektionsgeschäfts am Werderschen Markt.

(7) Blick von Süden zur Matthäikirche um 1920. In den 1960er-Jahren ist die hier noch vorhandene Matthäikirchstraße auf dem Abschnitt zum Landwehrkanal durch die Neue Nationalgalerie überbaut worden.

Eine Verpflichtung nach Bremen, die ihn unterdessen erreicht, scheint ihn einer Entscheidung zu überheben, doch schon vier Wochen später führen ihn seine Geschäfte wieder in die Hauptstadt. „An einem grauen Novembernachmittage, dessen Nebel sich in dem Augenblicke, wo der Zug hielt, zu einem Landregen verdichtete, traf er in Berlin ein und stieg in dem ‚Hôtel du Parc' ab, in demselben Hotel also, darin er während seines Septemberaufenthaltes täglich verkehrte und seinen Mittagstisch genommen hatte." Gleich am ersten Abend entscheidet er sich für einen Opernbesuch, vom Hotel mit einer Eintrittskarte versorgt.

Während der Ouvertüre – beziehungsreich gibt es Wagners *Tannhäuser* – bemerkt Gordon in einer Loge gegenüber Cécile an der Seite eines ihm als besonders anzüglich aufgefallenen Mannes. Er leidet „Höllenqualen" und stürmt, kaum dass es zur Pause läutet, zu den beiden hin. Das von ihm süffisant geführte Gespräch hält die Grenzen des Taktes gerade noch ein, aber als er wahrnimmt, dass Cécile bald darauf mit ihrem Begleiter die Loge verlässt, ist es mit seiner Beherrschung vorbei. Er geht ebenfalls, um entweder sie in ihrer Wohnung zur Rede zu stellen oder – sollte sie nicht dort sein – sie gleichsam zu überführen.

Tatsächlich trifft er sie an, und nachdem sich der Begleiter verabschiedet hat, nimmt er hinsichtlich seiner Eifersucht und seiner Wünsche ihr gegenüber kein Blatt mehr vor den Mund. Sie weist ihn zurück, ihm offen erklärend, dass sie nicht noch ein Duell heraufbeschwören und damit sein Leben gefährden will. Gordon allerdings glaubt ihr nicht und geht, „ohne weiter ein Wort des Abschieds oder der Versöhnung gesprochen zu haben".

St. Arnaud, noch am selben Abend in seinem Klub von Gordons Verhalten unterrichtet, lässt sich von Cécile überzeugen, dass sie diesen durch nichts ermutigt hat, sondern alles nur auf seine Einschätzung ihres „Vorlebens" zurückzuführen sei. Damit ist für ihn die Ehrverletzung offensichtlich.
Binnen Kurzem ist ein Duell in Dresden anberaumt, in dem er zwar leicht verletzt, Gordon aber getötet wird. Um sich den Rechtsfolgen zu entziehen, reist er nach Italien ab und fordert Cécile per Brief zum Nachkommen auf. Sie jedoch sieht sich neuerlich von ihrem Ruf eingeholt und am Tod eines Menschen schuldig und nimmt sich das Leben.

Begraben werden möchte sie neben der Gruft jenes Fürsten, der ihr als Einziger gegeben habe, was ihr „die Welt verweigerte: Liebe und Freundschaft und um der Liebe willen auch Achtung".

(8) Spreewaldammen im Tiergarten um 1900. Nachdem die Kinder Kaiser Wilhelms II. von einer solchen Amme genährt worden waren, wurden die Sorbenfrauen in Berlin ein fester Begriff und geradezu ein Statussymbol. Die in der Frühzeit roten Hauben sind später aber offenbar durch weiße Hauben ersetzt worden.

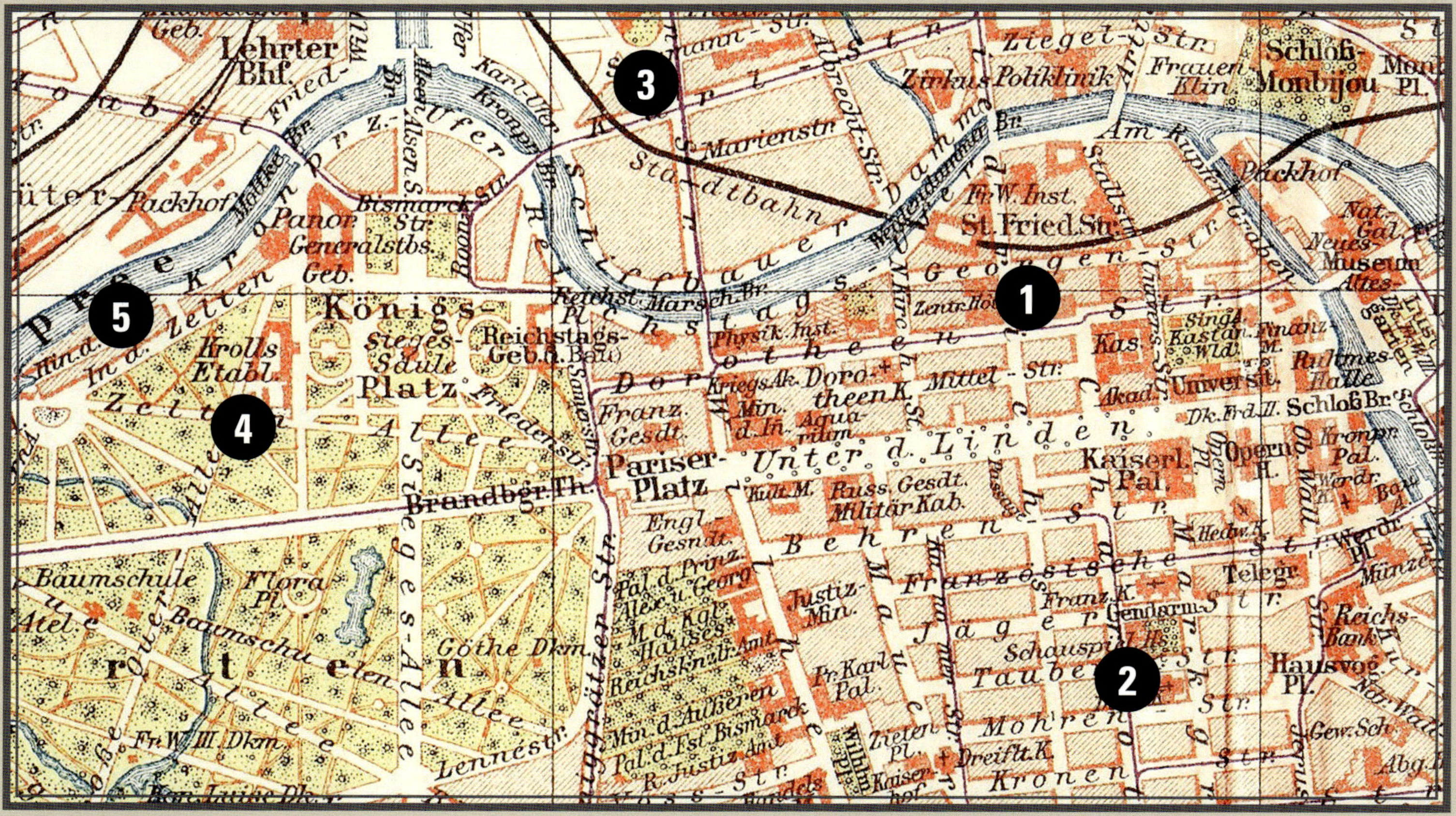

Die Schauplätze von *Mathilde Möhring* in einem Stadtplan von 1889

1. Die Wohnung der Möhrings in der Georgenstraße und der Bahnhof Friedrichstraße
2. Das Schauspielhaus am Gendarmenmarkt
3. Toepfers Hotel am Karlplatz
4. Die Krolloper
5. Die „Zelte“

Den Roman *Mathilde Möhring* hat Fontane 1891 entworfen und noch 1896 an ihm gearbeitet, jedoch keinen für ihn befriedigenden Abschluss damit gefunden. So blieb zu seinen Lebzeiten das Werk unveröffentlicht und erschien erst 1906. Es mag allerdings auch sein, dass ihm die Geschichte schon an sich zu prosaisch vorkam, weil sie nämlich nicht bot, was er von einem guten Roman eigentlich verlangte: dass man sich „teils unter lieben und angenehmen, teils unter charakterfesten und interessanten Menschen bei seiner Lektüre sollte bewegen können“[1].

Die dreiundzwanzig Jahre alte Mathilde Möhring ist eine einfache und wenig attraktive Berlinerin, die sich und ihre Mutter mit dem Vermieten eines Zimmers über Wasser hält. Der Vater ist einige Jahre zuvor gestorben. Die beiden Frauen wohnen in der Georgenstraße gerade gegenüber dem Bahnhof Friedrichstraße, ohne dass allerdings dessen Betrieb weiter berührt wird.

Verhältnismäßig genau jedoch beschreibt Fontane das Haus. Es ist *beinah schon ein Palais, vorn kleine Balkone von Eisen mit Vergoldung. Was anscheinend fehlte, waren Keller und natürlich auch Kellerwohnungen, statt dessen lagen kleine Läden, ein Vorkostladen, ein Barbier-, ein Optikus- und ein Schirmladen in gleicher Höhe mit dem Straßenzug, wodurch die darüber gelegene Wirtswohnung jenen à-deux-mains-Charakter so vieler neuer Berliner Häuser erhielt. War es Hochparterre oder war es eine Treppe hoch.*

Die Möhrings wohnen je nach Zählung im dritten oder im vierten Stock. Der Wirt ist ein früherer Rechnungsrat, „der in der Gründerzeit mit dreihundert Talern spekuliert und in zwei Jahren ein Vermögen erworben hatte“.

Ein Haus dieser Art ist an der genannten Stelle für jene Zeit allerdings nicht auszumachen, sodass – wie eigentlich immer – in diesem letzten Punkt die Vereindeutigung unterbleibt. Den beschriebenen Haustyp jedoch hat es in Berlin massenhaft gegeben.

An einem Oktobertag 1888 mietet sich der Jura-Kandidat Hugo Großmann aus Posen bei den Möhrings ein und wird von Mathilde sehr bald als ein Schwächling, als „Schlappier“ eingestuft, den sie nach ihren Vorstellungen wohl wird beeinflussen können. So kommt es auch. Hugo steht vor dem Referendarexamen, will aber nicht lernen, sondern verbringt seine Zeit lieber in Gaststätten.

(9) Ein Wohnhaus von 1888 in der Chausseestraße, das der Beschreibung Fontanes entspricht.

Georgenstraße und Friedrichstraßen-Bahnhof auf einer Postkarte von 1900 und dieselbe Stelle heute. Die Wohnung der Möhrings ist in der Häuserzeile rechts anzunehmen.

Gleich am ersten Abend geht er „in den ‚Franziskaner' hinüber", ein bekanntes Bierlokal unter den Bahndammbögen neben der Friedrichstraße. Mathilde soll ihm nur „eine Flasche Sodawasser" noch hinstellen, offensichtlich zwecks späterer Ausnüchterung.

Aber auch die Bücher, mit denen er sich beschäftigt, haben mit Prüfungsvorbereitungen nichts zu tun. „Was er las, waren Romane, besonders auch Stücke, von denen er jeden zweiten, dritten Tag mehrere nach Hause brachte: es waren die kleinen Reclam-Bändchen, von denen immer mehrere auf dem Sofatisch lagen." Sein Freund Rybinski nämlich hat sich von der Juristerei verabschiedet und betätigt sich als Schauspieler, und Hugo nimmt regen Anteil. Zu einer Aufführung von Schillers *Räubern* im Schauspielhaus, an der Rybinski in einer Nebenrolle mitwirkt, werden auch die Damen Möhring eingeladen, von Mathilde als erster Schritt zu einer persönlichen Annäherung freudig registriert.

Weniger erfreut ist sie, als Hugo nach der Vorstellung wortlos verschwindet und vermutlich in „Toepfers Hotel" im Kreis der Schauspieler den Abend verbringt, „im Keller unten, da sitzen sie immer".

Die Hofseite des Franciskaner auf einer Postkarte von 1905 und die Straßenseite auf einer Postkarte von 1899.

Auch heute gibt es an dieser Stelle ein Lokal.

Die entscheidende Hinwendung Hugos zu ihr ergibt sich aber daraus, dass er einige Wochen danach an den Masern erkrankt und von ihr versorgt und gepflegt wird. Wieder genesen, steht für ihn fest, „dass Thilde die Frau sei, die für ihn passe". Zu Weihnachten findet die Verlobung statt, und obwohl sie ihn eigentlich sofort auf sein Examen einstimmen will, ist sie klug genug, „ihm eine Woche Weihnachtsferien zu bewilligen und ihn zu kleinen Vergnügungen anzuregen".

Am ersten Feiertag geht man zu Kroll und unterhält sich „ganz leidlich, trotz Gegenwart der Mutter, die nach anfänglicher Ablehnung ihren Entschluss geändert hatte, als sie hörte, dass ‚Schneewittchen und die sieben Zwerge' gegeben würde". Am nächsten Tag fahren alle drei in einer offenen Droschke erst durch den Tiergarten und dann nach Charlottenburg, und an einem weiteren Tag folgt als Glanzstück „ein Diner apart bei Hiller, zu dem auch Rybinski geladen war, natürlich mit Braut". Wenn man von *Irrungen, Wirrungen* her weiß, dass dies ein Lokal für den Adel und das Offizierskorps ist, versteht man Mathildes Bemerkung, es sei dieser Besuch, „‚ich möchte beinah sagen, über unsern Stand und unsre Verhältnisse'" gewesen.

(10) Toepfers Hotel am Karlplatz im Jahr 1886. Dass dies der bevorzugte Treffpunkt der Schauspieler war (denn das wird stimmen), erklärt sich vermutlich aus dem Abstand zum Gendarmenmarkt, wo sich natürlich nach den Vorstellungen überall in den Gaststätten das Theaterpublikum einfand und die Schauspieler nicht in Ruhe gelassen hätte. Woher dies die kaum je ins Theater kommende Mathilde weiß, könnte ein Rätsel sein, wäre es nicht Fontane, der es sie sagen lässt.

Seit 1910 steht auf dem Karlplatz ein Denkmal für Rudolf Virchow (1821–1902), den in der nahen Charité viele Jahre lang tätigen Arzt.

Das Kroll-Etablissement am Königsplatz war bis 1894 eine Gaststätte mit Konzert- und Schauspielbetrieb. Danach übernahm es der preußische Staat, weil Wilhelm II. an dieser Stelle ein neues Opernhaus errichten wollte. Das Gebäude wurde jedoch nur zu einer Bühne für Sonderveranstaltungen umgebaut.

Das „Zelt" mit dem Standbild Friedrichs des Großen war das vierte und stadtnächste der Zelte. Im Zweiten Weltkrieg zerstört, wurde seine Fläche 1957 in das Terrain der Kongresshalle einbezogen, des heutigen Hauses der Kulturen der Welt. Das „Zelt" stand auf der Fläche vor den Bäumen.

Für den Silvesterabend wird schließlich noch Café Bauer in Betracht gezogen, aber es bleibt dann doch bei der Wohnung. Hugo allerdings bricht schon am Neujahrsmorgen wieder zu einem Lokalbesuch auf, in die „Zelte", um dort zu frühstücken. „Er ging bis über Bellevue hinaus, und erst auf dem Rückwege machte er sich's in dem mittleren Zelte, wo der Alte Fritze mit dem Krückstock an der Barre steht, bequem."

Den Abend möchte Hugo – wie Leo von Poggenpuhl – in den Reichshallen verbringen, „wo eine Luftkünstlerin merkwürdige Sachen aufführen wollte", doch für Mathilde ist die Zeit der Zerstreuung nunmehr zu Ende. Sie macht ihm ernstlich klar, dass er jetzt nur noch an sein Examen denken dürfe, und er seinerseits ist „froh, dass jemand da war, der ihn nach links oder rechts dirigierte, wie's grade passte". Sie hält ihn zum regelmäßigen Besuch seiner Kurse an, „überhört" ihn Abend für Abend zu dem Gelernten, und so besteht er wirklich im März sein Referendarexamen.

Danach durchsucht sie in den „Lesehallen für Frauen" die Zeitungen nach Stellenangeboten für ihn, schickt ihn zu einer Bewerbung und befördert ihn auf diese Weise zum Bürgermeister einer westpreußischen Kleinstadt.

So kann im Juni die Hochzeit gefeiert werden, wie in *Frau Jenny Treibel* im Englischen Haus, wenn auch „in einem ganz kleinen Saale". Lange erfreuen kann sich Mathilde ihres Lebens als Bürgermeistersgattin allerdings nicht. Zwar ist Hugo dank ihrer Gescheitheit und Umtriebigkeit in seinem Amt äußerst erfolgreich, aber schon zum Jahresende zieht er sich eine Lungenentzündung zu, die ihn im Frühjahr 1890 – „es waren die Tage, wo Bismarck ins Schwanken kam" – das Leben kostet.

Mathilde kehrt daraufhin zu ihrer Mutter nach Berlin zurück, macht das Lehrerinnenexamen und fährt von Oktober an „jeden Morgen mit der Pferdebahn" hinaus zu ihrer Gemeindeschule zwischen Moabit und Tegel.

(11) Eine „Damenlesehalle" in Berlin im Jahr 1892. Solche Leseräume stellten in ihren Häusern die Zeitungsverlage zur Verfügung, damit die vielen Kunden, die gleich bei der Ausgabe der Zeitung die neuesten Stellenangebote lesen wollten, nicht auf der Straße stehen mussten. Der Zutritt kostete fünf Pfennig, und gesonderte Räume für Frauen gab es, weil viel mehr Männer nach den Annoncen anstanden und den Frauen die Plätze hätten streitig machen können. In den von 1896 an eingerichteten Lesehallen der Stadt wurde nicht nach Geschlechtern getrennt.

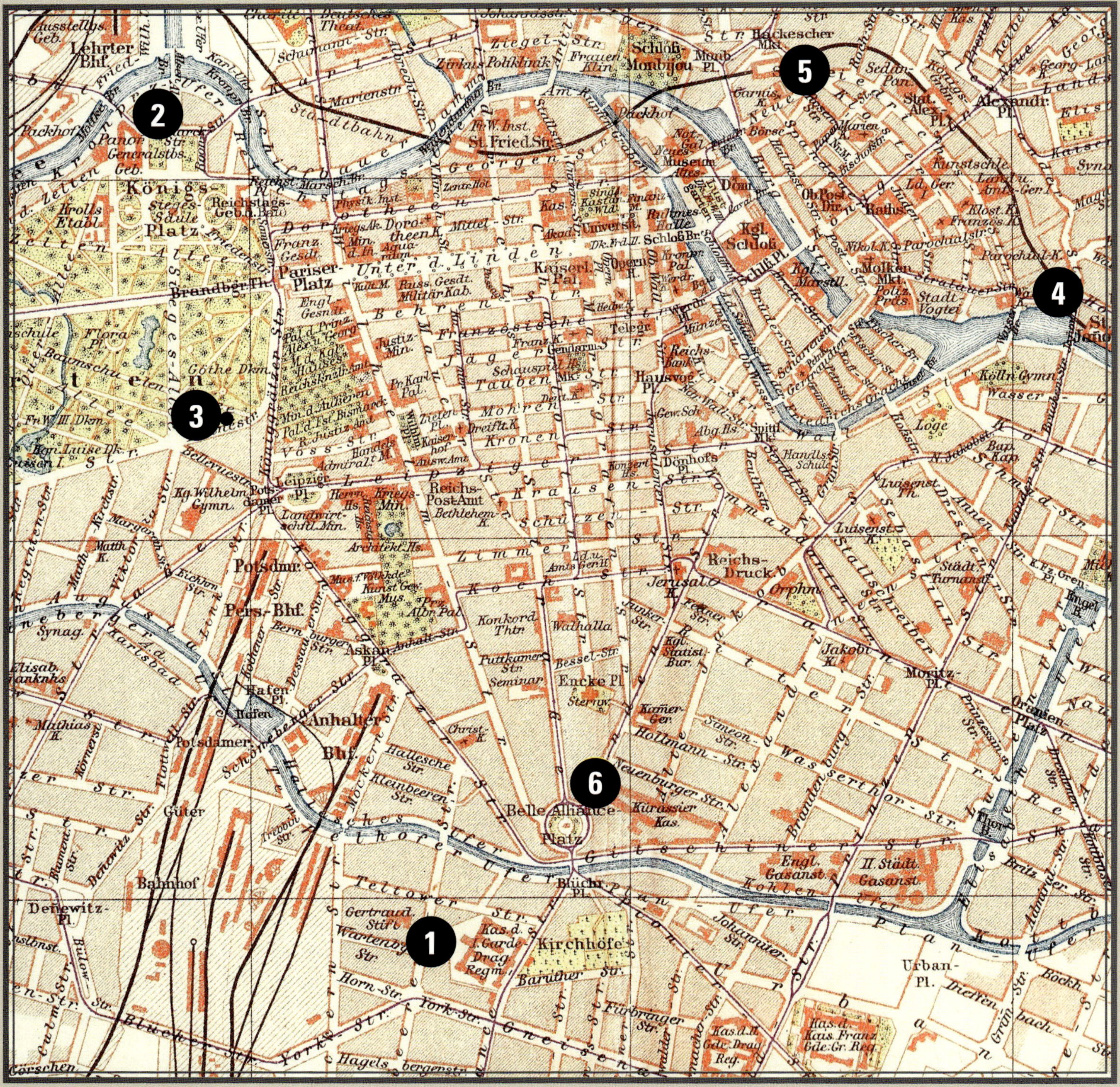

Die Schauplätze des *Stechlin* in einem Stadtplan von 1889

- **1 Woldemars Kaserne in der Belle-Alliance-Straße**
- **2 Die Wohnung der Barbys am Kronprinzenufer**
- **3 Das Lessing-Denkmal an der Lennéstraße (aufgestellt 1890)**
- **4 Die Dampferanlegestelle an der Jannowitzbrücke**
- **5 Die Garnisonkirche in der Neuen Friedrichstraße**
- **6 Die Wohnung der Stechlins am Belle-Alliance-Platz**

Der *Stechlin*, 1898 erschienen, spielt hauptsächlich in der Mark Brandenburg und berührt Berlin nur in wenigen Kapiteln. „Zum Schluss stirbt ein Alter, und zwei Junge heiraten sich; das ist so ziemlich alles, was auf 500 Seiten geschieht", fasste Fontane selbst den Inhalt des Romans ironisch zusammen.[2] Im Mittelpunkt stehen der Lebenskreis und die Weltsicht des alten Dubslav von Stechlin, der als Witwer auf seinem verfallenden kleinen Schloss in der Nähe von Rheinsberg lebt.

In dem einen Jahr der Handlung (1894/95) kandidiert er als Konservativer für den Reichstag, unterliegt aber einem Sozialdemokraten, erlebt die Hochzeit seines Sohnes und holt sich, als er sein Leben zur Neige gehen fühlt, die zehnjährige uneheliche Agnes ins Haus, die eine verheimlichte Tochter von ihm ist. Sie soll ihm als Beispiel seines Fortlebens in einer gesünderen Welt, als er sie verlässt, vor Augen stehen. „Es ist nicht nötig, dass die Stechline weiterleben", lautet der Schlusssatz, „aber es lebe der Stechlin."

Woldemar, sein Sohn, ist Rittmeister im preußischen Ersten Garde-Dragoner-Regiment und wohnt in der Kaserne am Halleschen Tor, in der heute das Finanzamt Friedrichshain-Kreuzberg untergebracht ist. Von der Umgebung dort sagt er, dass es „‚bloß die Kirchhöfe, das Tempelhofer Feld und das Rotherstift'" gebe – das heißt die *Rother'sche Stiftung für unverheirathete arme Beamten- und Offiziertöchter*, die sich am Anfang der Tempelhofer Straße gerade gegenüber dem Haus befand, in dem Fontane selbst mit seiner Familie von 1859 an für drei Jahre gewohnt hat.

Woldemar klagt seiner Tante gegenüber deshalb auch, dass es von hier immer eine „kleine Reise" sei, wenn man in die Stadt wolle. Sie verweist ihn auf die Pferdebahn, fügt aber adelsstolz gleich hinzu, dass sie für einen Offizier eigentlich nicht geeignet sei: *Denn es gibt mir immer einen Stich, wenn ich mal in Berlin bin, so die Offiziere zu sehen, wie sie da hinten stehen und Platz machen, wenn eine Madam aufsteigt, manchmal mit 'nem Korb und manchmal auch mit 'ner Spreewaldsamme. Mir immer ein Horreur.*

Die Kaserne des Ersten Garde-Dragoner-Regimentes in der früheren Tempelhofer Straße, dem heutigen Mehringdamm.

(12) Theodor Hosemann (1807–1875): *Im Omnibus (1864)*. Da Fontane die Zeichnungen Hosemanns kannte, hat er sich für die Horreur-Szene mit einer „Madam" und einem Offizier vielleicht an sie erinnert. Der uniformierte Mann ist hier allerdings kein Offizier, sondern der Schaffner.

Rechte Seite: (13) Pferdebahnszene aus dem Jahre 1875. – Die unpassenden Nachbarschaften für eine Dame bei solchen Fahrten beanstandet die Baronin aus der Lennéstraße.

Woldemars besonderes Ziel in der Stadt ist die Familie Barby, ein Graf mit zwei Töchtern, die am Kronprinzenufer zwischen Alsen- und Moltkebrücke wohnen. Das Haus wird wiederum genau beschrieben. Es unterscheidet sich, ohne weiter hervorragend zu sein, *immerhin vorteilhaft von seinen Nachbarhäusern, von denen es durch zwei Terrainstreifen getrennt wurde; der eine davon ein kleiner Baumgarten, mit allerlei Buschwerk dazwischen, der andre ein Hofraum mit einem zierlichen, malerisch wirkenden Stallgebäude, dessen obere Fenster, hinter denen sich die Kutscherwohnung befand, von wildem Wein umwachsen waren. Schon diese Lage des Hauses hätte demselben ein bestimmtes Maß von Aufmerksamkeit gesichert, aber auch seine Fassade mit ihren zwei Loggien links und rechts ließ die des Weges Kommenden unwillkürlich ihr Auge darauf richten.*

Graf Barby hängt an dieser Wohnung, weil immer Leben und Bewegung von dort aus zu beobachten sei. „‚Wenn ich in unsrer Nische sitze'", sagt er zu einer Baronin, die ihm zu einem Umzug rät und die Lennéstraße lobt, „‚die lange Reihe der herankommenden Stadtbahnwaggons vor mir, nicht zu nah und nicht zu weit, und sehe dabei, wie das Abendrot den Lokomotivenrauch durchglüht und in dem Filigranwerk der Ausstellungsparktürmchen schimmert, was will Ihre grüne Tiergartenwand dagegen?'".

Von der Bebauung des Kronprinzenufers zwischen Alsen- und Moltkebrücke haben sich keine Bilder erhalten, sodass sich über die Existenz eines Hauses, wie es Fontane für diesen Uferabschnitt beschreibt, nichts sagen lässt. Heute wird die Stelle teilweise als „Strand" benutzt. Links im Bild stand die Alsenbrücke, das Schiff würde sie gerade unterfahren. Rechts ist die neue Fußgängerbrücke zum Hauptbahnhof zu sehen, dahinter die Moltkebrücke zum Bundeskanzleramt hinüber.

Rechte Seite: (15) Das 1881 erbaute Haus Lennéstraße 4 und das 1890 eingeweihte Lessing-Denkmal ihm schräg gegenüber. Das Haus, in dem die Stöckhardts wohnten (das übernächste rechts), war älter und hatte ein Stockwerk weniger. Für Gordon in *Cécile* kommt eine Wohnung in diesem Vielparteienhaus aber infrage.

(14) Das Kaiser-Panorama, der Ausstellungspavillon und der Lehrter Bahnhof, wie sie etwa von der Stelle der Barby'schen Wohnung am Kronprinzenufer zu sehen gewesen wären, auf einem Foto aus dem Jahr 1895.

Derzeit sind von dieser Stelle aus nur der neue Hauptbahnhof und ein schlichter Hotelbau wahrzunehmen.

Dass es noch einmal – wie in *Cécile* – der „Lennéstraßenstolz" ist, gegen den Stellung bezogen wird, ist Fontanes persönlichen Verbindungen nach dorthin zuzuschreiben. Im Sommer 1884 hatte er im Riesengebirge das Ehepaar Stöckhardt kennen gelernt und war mit seiner Frau in deren Wohnung Lennéstraße 6 fortan immer wieder einmal zu Gast. Da wird es wohl zu der einen und anderen Schrauberei hinsichtlich dieser Wohnlage gekommen sein. „‚Was haben Sie da groß?'", fragt Graf Barby die Baronin aus der Lennéstraße, „‚Sie haben den Lessing ganz und den Goethe halb. Und um beides will ich Sie beneiden und Ihnen auch die Spreewaldammen in Rechnung stellen. Aber die Lennéstraßenwelt ist geschlossen, ist zu, sie hat keinen Blick ins Weite, kein Wasser, das fließt, keinen Verkehr der flutet'" – so wie auch Fontane von seiner Potsdamer Straße her geurteilt haben wird.

Von Woldemar, der bei den Barbys seit einem halben Jahr „regelmäßig verkehrt", ist zunächst nicht klar, welcher der beiden Schwestern er den Vorzug geben will, der dreißigjährigen, geschiedenen Melusine oder der neunzehnjährigen Armgard. An einem weiteren Besuchstag fährt er vom Halleschen Tor mit der Ringbahn *am Potsdamer und Brandenburger Tor vorüber bis an jene sonderbare Reichstagsuferstelle, wo, von mächtiger Giebelwand herab, ein wohl zwanzig Fuß hohes, riesiges Kaffeemädchen mit einem ganz kleinen Häubchen auf dem Kopf freundlich auf die Welt der Vorübereilenden hernieder blickt, um ihnen ein Paket Kneippschen Malzkaffee zu präsentieren. An dieser echt berlinisch-pittoresken Ecke stieg Woldemar ab, um die von hier aus nur noch kurze Strecke bis an das Kronprinzenufer zu Fuß zurückzulegen.*

So bereits auf weibliche Freundlichkeit gestimmt, trifft er an diesem Abend neben dem alten Grafen und einem Kunstprofessor zunächst nur die jüngere Armgard an, die neben ihrer geistreich-koketten Schwester sonst nicht recht zur Geltung kommt. Er hat deshalb zum ersten Mal Gelegenheit, ihre moralische Ernsthaftigkeit wahrzunehmen, und es bleibt nicht ohne Eindruck auf ihn.

Der Blick über die Kronprinzenbrücke auf das Reichstagsufer um 1900 und heute. Eines der Häuser wird 1894 noch nicht eingebaut gewesen sein und an seiner Brandmauer (16) das Werbebild der Firma Kathreiner aus München gezeigt haben, hier wiedergegeben nach einer Anzeige von 1894.

(17) Die Anlegestelle an der Jannowitzbrücke im Jahr 1906. Hier sind trotz eines erhöhten Standortes nur der Rathausturm, die Waisenkirche, die Parochialkirche und die Petrikirche zu sehen, nicht aber die Schlosskuppel. Die Nikolaikirche steht links außerhalb des Bildes.

Heute sind neben den Türmen des Stadthauses und des Rathauses noch die Marienkirche und natürlich der alles überragende Fernsehturm wahrzunehmen.

Wenige Tage später wird Woldemar von den Barbys zu einer Dampferpartie die Spree hinauf eingeladen. Die kleine Gesellschaft trifft sich an der Jannowitzbrücke.

Unter lachender Bewunderung der sich hier darbietenden Holzarchitektur stieg man ein Gewirr von Stiegen und Treppen hinab [...] unmittelbar auf das Schiff zu, dessen Glocke schon zum ersten Mal geläutet hatte. Das Wetter war prachtvoll, flussaufwärts alles klar und sonnig, während über der Stadt ein dünner Nebel lag. [...] „Da heißt es nun immer", sagte Melusine, „Berlin sei so kirchenarm; aber wir werden bald Köln und Mainz aus dem Felde geschlagen haben. Ich sehe die Nikolaikirche, die Petrikirche, die Waisenkirche, die Schlosskuppel, und das Dach da, mit einer Art von chinesischer Deckelmütze, das ist, glaub ich, der Rathausturm."

Das Ziel der Schiffsfahrt ist das Eierhäuschen, ein Lokal im Plänterwald, das nach einem Brand 1892 wieder neu aufgebaut worden war. Zuvor fährt man an der Liebesinsel, der heutigen Insel der Jugend, vorbei, damals so genannt, weil angeblich immer Liebespaare sich das Leben dort nähmen, „meist mit einem Zettel in der Hand, drauf alles stünde". Wenig später kommt am Ufer ein roter Bau in Sicht, mit Turm und Erker zwischen Pappelweiden, „ein Palazzo", wie es ironisch heißt, denn das Lokal ist für diese Gesellschaft mehr volkstümlich als standesgemäß. Was man dort zu sich nimmt, ist auch danach: bestellt werden „Wiener Würstel und Löwenbräu".

Bevor man einkehrt, wird allerdings noch ein Spaziergang flussaufwärts gemacht, bis die Rauchfahnen eines Fabrikgeländes in den Blick kommen. Es ist der Ort, wo der „‚für die weibliche Welt so wichtige Spindler seine geheimnisvollen Künste treibt. Besser noch seine verschwiegenen. Denn unsere Damen bekennen sich nicht gern dazu'", stellt Woldemar fest.

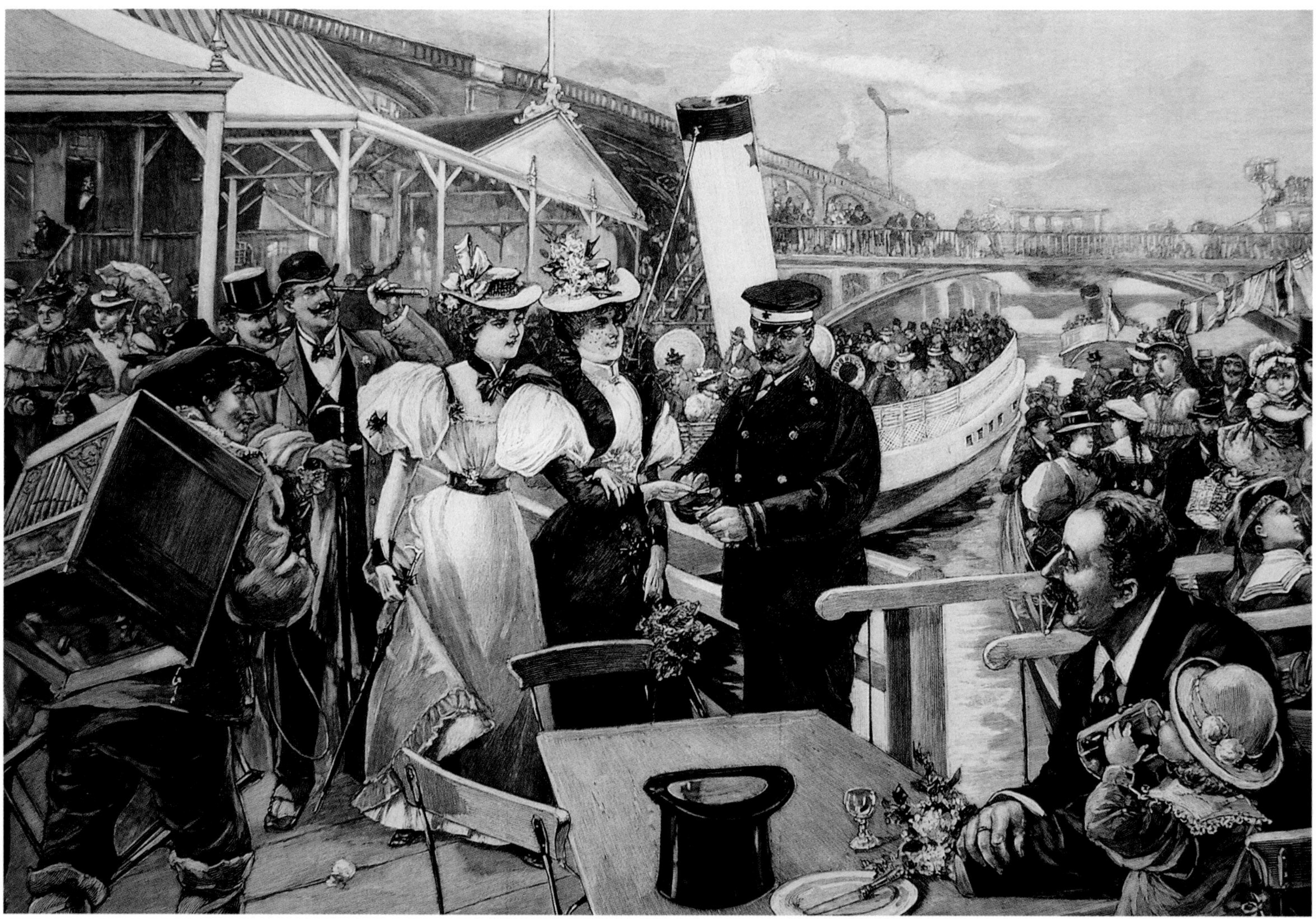

Dass es sich lediglich um eine Textilreinigungsfirma handelt, kann verwundern. Es war aber nicht „fein", abgetragene Kleidung mittels Reinigung wieder wie neu aussehen zu lassen. „‚Unser Freund in Spindlersfelde da drüben degradiert uns vielleicht auch durch das, was er so hilfreich für uns tut'", sagt deshalb dazu die Baronin aus der Lennéstraße, nämlich meinend, dass so eine Reinigungsfirma dazu verführt, die alten Maßstäbe aufzugeben und das Elitäre nur noch vorzutäuschen. Die Barby-Schwestern stimmen ihr allerdings mehr nur höflich als wirklich überzeugt zu.

Ein paar Wochen später ist Woldemar – in der Zwischenzeit dienstlich in Ostpreußen – wieder einmal bei den Barbys zu Gast. Diesmal kommt das Gespräch auf die in der Nationalgalerie ausgestellten Kartons von Peter Cornelius, weil ein Kunstprofessor deren Qualität leidenschaftlich verteidigt. „‚Auf dem einen Karton steht im Vordergrund ein Tubabläser und setzt das Horn an den Mund, um zu Gericht zu rufen'", doziert er.

„Diese eine Gestalt balanciert fünf Kunstausstellungen, will also sagen netto 15000 Bilder. Und eben diese Kartons, samt dem Bläser zum Gericht, die wollen sie jetzt fortschaffen und sagen dabei in naiver Effronterie, solch schwarzes Zeug mit Kohlenstrichen dürfe überhaupt nicht so viel Raum einnehmen. Ich aber sage Ihnen, meine Herrschaften, ein Kohlenstrich von Cornelius ist mehr wert als alle modernen Paletten zusammengenommen, und die Tuba, die dieser Tubabläser da an den Mund setzt – verzeihen Sie mir altem Jüngling diesen Kalauer –, diese Tuba wiegt alle Tuben auf, aus denen sie jetzt ihre Farben herausdrücken."

Linke Seite: (18) Schiffsausflügler an der Jannowitzbrücke.

Eine Postkarte aus der Zeit um 1900 (oben) und das verfallende Eierhäuschen heute.

Von einem anderen Bild der Nationalgalerie wird schon bei der Fahrt zum Eierhäuschen gesprochen, dort wegen der porträtierten Person. Es ist die Sängerin Jenny Lind, die „schwedische Nachtigall", die allerdings zur Zeit der Handlung schon nicht mehr am Leben ist. Melusine hat sie als junges Mädchen in London noch bei einem Hauskonzert erlebt, und Pastor Lorenzen, Woldemars Mentor, ist in seiner Jugend so in sie verliebt gewesen, dass er eine Miniatur des Galeriebildes bei sich über dem Sofa hängen hat. Etwas umweghaft über das Stichwort „Schweden" in das Gespräch eingeführt, scheint Fontane hier einer eigenen Vorliebe für diese Sängerin zu gedenken.

(20) Einer der Bläser aus dem Tafelbild *Erscheinung Gott-Vaters* von Peter Cornelius (1783–1867) aus den Entwürfen zum Campo Santo, der Grabkapelle der Hohenzollern im Berliner Dom, die bis in die 1920er-Jahre in der Nationalgalerie ausgestellt waren. Schon 1907 entfernt wurden die Fresko-Entwürfe für die Münchner Glyptothek.

(19) Die Spindler-Werke am Spreeufer in einem Gemälde von Paul Andorff (1849–1920) aus dem Jahre 1881. Die Wasch- und Kleiderreinigungsanstalt von Wilhelm Spindler unterhielt Annahmestellen in ganz Berlin.

Nach der Rückkehr von einer mehrwöchigen England-Mission ist sich Woldemar endlich sicher, dass Armgard die Richtige für ihn ist. Er verlobt sich mit ihr und findet den alten Stechlin auch darin auf seiner Seite, dass dieser Schritt „Vermögen und Einfluss" bedeutet. Schon zwei Monate später folgt die Hochzeit – wie immer bei Fontane, der das Elend seiner eigenen fünfjährigen Verlobungszeit nicht vergessen konnte, geht es mit dem Heiraten sehr schnell. Auf Armgards ausdrücklichen Wunsch findet die Trauung in der Garnisonkirche statt, auch wenn sie „bloß ein großer Schuppen sei. Aber ein Gotteshaus, darin die Schwerins und die Zietens ständen", gelte ihr mehr als die Familienkirche mit den Särgen der Barbys unter dem Altar. Abends bricht das Paar vom Anhalter Bahnhof zu seiner Hochzeitsreise nach Italien auf, zunächst bis nach Dresden, „dieser herkömmlich ersten Etappe für jede Hochzeitsreise nach dem Süden".

Sie kommen bis nach Capri, als sie die Nachricht erreicht, dass der alte Stechlin in Brandenburg verstorben ist. Woldemar überlegt, an seiner Stelle in das kleine Schloss einzuziehen, doch Armgard möchte, dass er seine Militärlaufbahn in Berlin fortsetzt und wenigstens noch Major wird.

Am Belle-Alliance-Platz, also ganz in der Nähe der Kaserne, wird eine Wohnung gemietet, aber von Dauer ist die Entscheidung nicht. Zwar gefallen Armgard die Frühjahrsparaden ebenso wie „die Wettrennen" – also die Pferderennen, die unter den Kavalleristen ausgetragen werden –, doch „weder das Großstädtische noch das Militärische, weder Sport noch Kunst behaupteten dauernd den Reiz, den sie sich anfänglich davon versprochen".

So wird schon nach wenigen Monaten beschlossen, Berlin zu verlassen und an den Stechlinsee zu ziehen. Am 21. September – einem durchaus symbolischen Herbstanfang – trifft das junge Paar auf Schloss Stechlin ein. Man werde sich des Kindes, der unehelichen Agnes annehmen, lautet die einzige Option auf die Zukunft, von der gesprochen wird, eigene Kinder erwartet das Paar anscheinend nicht. Ganz wie Fontane selbst die Zukunft des Adels sah, nämlich in einer Verbindung mit dem Volk, wird das Erbe der „Stechline" in einem Kind aus dem dritten Stand fortleben.

(21) Eduard Magnus (1799–1872): *Die Sängerin Jenny Lind* (1820–1887) im Jahre 1846.

(22) Die Garnisonkirche in der damaligen Neuen Friedrichstraße. Heute führt die verlängerte Spandauer Straße geradewegs über die Fläche des Kirchenraumes hinweg. Nur das vormalige Pfarramt links vor der Kirche – heute Anna-Louisa-Karsch-Straße 9 – ist als restauriertes Gebäude noch vorhanden.

(23) Der Belle-Alliance-Platz um 1900 und der heutige Mehringplatz.

Kapitel 9

Das poetische und das reale Berlin

Überblickt man die Behandlung Berlins in den Romanen Fontanes im Ganzen, so fällt als Erstes ins Auge, dass von einem so gut wie nie die Rede ist: von den immer und überall vorhandenen Baustellen. Die beiden Jahrzehnte von 1875 bis 1895, in denen die Romane spielen, waren ja eine Zeit von enormer Bautätigkeit, nie vorher oder später hat die Stadt eine Phase solchen Ausbaus und Umbaus erlebt. Ganze Straßenzüge wurden niedergelegt und durch Neubauten ersetzt, große neue Stadtteile entstanden rings um den alten Kern, und auch der Bau der Stadtbahn von Ost nach West mitten durch das Zentrum bedeutete eine unübersehbare Neuerung.

Die 1882 fertiggestellte Bahn wird in mehreren der Romane auch wahrgenommen und einmal im *Stechlin* auch sogar bahnhofsgenau erfasst. Nach einem Abend bei den Barbys entschließen sich zwei der Gäste, vom Kronprinzenufer aus noch einen Spaziergang zu machen. „‚Wir gehen hier am Ufer entlang, an den Zelten vorüber bis Bellevue, und da steigen wir in die Stadtbahn und fahren zurück, Sie bis an die Friedrichstraße, ich bis an den Alexanderplatz. Da ist jeder von uns in drei Minuten zu Haus.'" Doch der Bau dieser Bahn wird ebenso wenig beachtet wie die Entstehung anderer großer Einrichtungen.

Dabei ist es nicht so, dass Fontane selbst an diesen Veränderungen keinen Anteil genommen hätte. In seiner Familie vereinbart man regelrechte Besichtigungsfahrten „um ganz Berlin herum", und er fühlt sich angesprochen „zumal auch durch die neuen, zum Teil recht hübschen Kirchen".[1] Er teilt – zumindest „einigermaßen" – den „begeisterten Glauben" Richard Lucaes, des ihm befreundeten Direktors der Bauakademie, dass nach einhundert Jahren „das südwestwärts gerückte Berlin durch eben diese Lage eine der schönsten Städte Europas sein werde".[2]

1881 resümiert er, dass sich die Stadt gegenüber seinen Jugendjahren „ganz außerordentlich verändert" habe, und freut sich, „diese vernobelte Zeit, an die ich kaum geglaubt habe, noch erlebt zu haben".[3] Das einst vorbildliche Dresden wirke inzwischen „wie ein pauvres, zurückgebliebenes Nest", befindet er 1880, und Hamburg sei zwar „an Gewaschenheit und Sauberkeit immer noch voraus, aber dafür fehlt doch vieles andere".[4] Dass ihn nicht wenig an Berlin auch weiterhin stört,

(1) Der Bahnhof Friedrichstraße im Frühjahr 1883. Wegen des Andrangs wurden anfangs auch die Doppelstockwagen der Ringbahn, „Japanesen" oder „Sargwagen" genannt, im S-Bahn-Betrieb eingesetzt. Elektrifiziert wurde die S-Bahn erst in den 1920er-Jahren.

Rechte Seite: (2) Der Reichstag im Jahre 1892.

tut dem keinen Abbruch, das Erscheinungsbild der Stadt gefällt ihm von Jahr zu Jahr besser.

Gleichwohl: in den Romanen kommt dieser Wandel nicht vor. Berlin wirkt immer komplett, immer von langer Hand her vertraut, Neuerungen oder Unvollständigkeiten werden nicht wahrgenommen. Um ein Beispiel zu geben: Woldemar von Stechlin fährt zu einem Besuch der Barbys mit der Ringbahn am Potsdamer und Brandenburger Tor vorbei bis zum Reichstagsufer. Er sieht dort das Haus mit der Malzkaffee-Reklame, aber er sieht nicht das fast fertiggestellte Reichstagsgebäude selbst, das größte Berliner Bauvorhaben überhaupt in dieser Zeit. Das Reichstagsufer gab es als Straße seit 1884, dem Jahr des Baubeginns, der Reichstag wurde Ende 1894 eingeweiht. Hier, im Herbst 1894, könnte er noch zu Teilen eingerüstet gewesen sein, ist in Fontanes Erinnerung vielleicht noch nicht einmal ganz vorhanden, doch dieses Provisorium wird nicht festgehalten. Als der *Stechlin* erschien, war mit dem Stichwort Reichstagsufer alles gesagt. Das Gebäude für noch unfertig zu erklären, wäre für die Handlungszeit zwar korrekt, aber für die Vorstellung unbequem gewesen, und so bleibt es unerwähnt.

Der tiefere Sinn dieses sicherlich gar nicht durchweg kalkulierten Vorgehens liegt darin, dass Berlin für die Figuren in Fontanes Romanen immer ihre Heimat oder wenigstens ihr Zuhause ist und sein soll. Auch Umzüge innerhalb der Stadt, wie Fontane selbst sie ja zahlreich erfahren hat, spielen für dieses Beheimatetsein keine Rolle, es wird schlicht kein Wort weiter darüber verloren. Und kehrt jemand, wie Leslie-Gordon in *Cécile*, nach längerer Abwesenheit dorthin zurück, heißt es alsbald: „Gordon wuchs sich rasch wieder in Berlin ein." Ein dauernd im Umbau begriffener, ständig als sich verändernd wahrzunehmender Handlungsraum würde diesem Zugehörigkeitsgefühl widersprochen haben, er hätte etwas Ungemütliches in das Stadtbild hineingetragen. Wenn sich also der Eindruck des Vertrauten, ja Heimeligen für den Schauplatz Berlin dem Leser mitteilt, ist dies das Resultat einer Reduktion, die Stadt war weit weniger aufgeräumt und überschaubar, als es die Romane vermuten lassen.

Aus demselben Grund vermeidet es Fontane auch, für die Einzelmomente des Stadtbildes allzu speziell zu werden. Bevorzugt genannt werden die weithin bekannten, dauernden Erscheinungen, sogar unter Inkaufnahme kleiner Anachro-

nismen, wenn etwa der Anhalter Bahnhof für den Schluss von *Irrungen, Wirrungen* schon vorausgesetzt wird, obwohl er noch im Bau war. Es sollten eben nicht nur die Leser der ersten Generation, sondern auch spätere „ihre" Stadt noch erkennen. Man muss nur an Alfred Döblins *Berlin Alexanderplatz* denken, um die Bedeutung dieses Gestaltungszuges wahrzunehmen. Dort ist alles auf das Handlungsjahr 1929 oder gar nur auf bestimmte Zeitpunkte darin bezogen, und die Stadt nimmt darüber ein so wildfremdes Aussehen an, dass man den Zeitabstand hier weit mehr bemerkt als für das eher repräsentative Stadtbild bei Fontane.

So wie alles Unfertige aus diesem Bild als störend weggelassen wird, so erst recht Nachteiliges überhaupt. Da sich Fontane über die Berliner Zustände in seinen Briefen vielfach geäußert hat, lässt sich erkennen, wie sehr er sich in den Romanen mit negativen Urteilen zurückhält. Es beginnt mit Äußerlichkeiten. In den *Poggenpuhls* spricht der aus Schlesien zu Besuch kommende Onkel von seiner Freude am Großstadtleben und erwähnt auch die Blumenmädchen, die „eigentlich Stelzfüße" seien. Das kann man deuten, wie man will. Was man aber sicherlich nicht herausliest, ist Fontanes Urteil in einem Brief von 1895: Die „Berliner Blumenmädchen, die Stelzfüße wie die Thüringerinnen, [...] können einem die Menschheit verleiden"[5].

Der nicht ausgesprochene Grund für diese Beschwerde: die stadtbekannte Aufdringlichkeit dieser Mädchen. Schon um die Mitte des 19. Jahrhunderts wird Klage darüber geführt, was für eine Belästigung sie mit ihren dauernden Ansprachen für die Passanten darstellten.

Oder es kommt im Romangeschehen immer wieder einmal zu einem Lokalbesuch, ohne dass weiter Störendes registriert wird. Als Fontane aber 1892 gefragt wird, warum er sich kaum noch zu geselligen Zusammenkünften in Lokalen einfinde, erklärt er, er käme ja gern, „aber die Berliner Lokale sind zu mörderisch, überall schleicht ‚Mörus, den Dolch im Gewande', wobei es gleichgültig ist, welche Formen der Dolch annimmt. Auch wechselt er mit den Jahreszeiten. Winters Zug und sibirischer Fußboden. Man kriecht also am liebsten hinter den eigenen Ofen".[6]

Im *Stechlin* gibt es einmal ein Gespräch über die „Berliner Madamms", Frauen aus dem Volk, von denen es heißt, es gebe sie so nur hier. Wo andere Frauen an Putz, an Verehrer und sonst etwas dächten, denke die Madamm bloß „an Rike draußen und mitunter auch an Paul. Und wenn sie zu Paul spricht, der ihr Jüngster ist, so sagt sie: ‚Jott, dein Vater.' Oh, die Madamm! Einige sagen, sie stürbe aus, andre sagen, sie stürbe nie". Das ist als Kennzeichnung eher versöhnlich als abträglich und etwas ganz anderes als ein Urteil in einem Brief von 1889. Hier spricht Fontane von den „grässlichen Menschen", die ihm auf dem Friedhof von Lichterfelde begegneten (sein ältester Sohn lag dort begraben), darunter auch „Weibervolk, diesmal eine dicke Alte und eine junge Zierlise, wieder entsetzlich. ‚Da frage nur bei edlen Frauen an' oder so ähnlich im Tasso, wenn ich nicht irre; ob Goethe das wohl geschrieben hätte, wenn er sein Leben unter Berliner Madamms zugebracht hätte".[7]

(3) Berliner Blumenmädchen 1887 – anscheinend eine „Thüringerin".

Rechte Seite: (4) Berliner Blumenmädchen 1910 – ein „Stelzfuß"?

Nicht weniger drastisch fällt sein Urteil über das damals verbreitete Spekulantentum aus, in diesem Falle aus Anlass der Börsenverluste seines Schwagers Sommerfeld. „Er tut mir leid", schreibt er 1869 an seine Frau, „denn er ist ein fleißiger und ordentlicher Mann; aber wenn ich von seiner Person absehe, so freu ich mich drüber. Es ist ein Unsinn, wie durch eine Art Taschenspielerei jeden Tag aus 50 Talern 100 zu machen. Dieser ganze Schwindel, diese faule Reich-Werderei ist mir tief verhasst, und die ganze Geschichte berührt mich wie eine in der Welt umschleichende Krankheit, nicht aber wie ein Glück, dem man nachzujagen hat."[8]

Wie aber nimmt man den Rechnungsrat Schultze in *Mathilde Möhring* wahr, „der in der Gründerzeit mit dreihundert Talern spekuliert und in zwei Jahren ein Vermögen erworben hatte"? Er ist der Vermieter der Möhrings und besitzt noch vier weitere Häuser, kommt aber doch gut weg. Zwar ist er hochmütig, doch nicht unmenschlich, und dass sich sein Hochmut zumal gegen seinen vormaligen Chef, den Finanzminister, richtet, während er die „kleinen" Möhrings durchaus gelten lässt, demonstriert zuallererst, dass Besitz unabhängig macht.

Den vielen sonstigen Unmutsäußerungen über Berlin und die Berliner, die sich in den Briefen finden, wird man hingegen nicht allzu viel Bedeutung beimessen. Fontane lebte in dieser Stadt, also ärgerte er sich auch über sie, war aber doch besonnen genug, das in seine Romane nicht einfließen zu lassen. Eine gewisse Ruppigkeit und Selbstüberschätzung beanstandete er an den Berlinern schon früh, fand aber später auch vieles Andere an ihnen und der Stadt auszusetzen.

In Berlin, schreibt er 1897, bleibe „alles in der Mittelmäßigkeit stecken: die Semmel ist unausgebacken, das Fleisch ist zäh oder (durch Eis) geschmacklos oder schmeckt nach Keller, der Rock sitzt nicht, der Stiefel drückt, die Kartoffeln sind scheußlich und die Literatur regelt sich nach: pro Zeile 5 Pfennig"[9]. Mit der ihm eigenen Selbstironie fügt er bei solchen Gelegenheiten aber auch hinzu, dass für ihn dasselbe gelte, was man bei der *Kreuzzeitung* von ausgeschiedenen Kollegen gesagt habe. Auf die Frage, wie es mit dem und dem stehe, habe es dort geheißen: „Gott wie soll es mit dem stehn? Er wird alt, also wird er unausstehlich."[10]

Ein weiteres Moment der Stadtwahrnehmung bei Fontane ist, dass es keinen Lärm gibt. Während in vielen Zeugnissen dieser Zeit das ewige Rattern der Fuhrwerke, das Klingeln der Pferdebahnen, das Pfeifen der Lokomotiven und das Klappern der Züge mal als aufregend, mal als störend bemerkt werden, liest man davon bei ihm so gut wie nichts. Dabei konnte er selbst sich durchaus hier belästigt fühlen. Die für ihn schwierigste Schreibarbeit verlegte er in der Potsdamer Straße immer auf den Abend, weil der Verkehr dann halbwegs zur Ruhe kam. Wie aber äußert sich der Onkel in den *Poggenpuhls*, wenn er vom Leben am Potsdamer Platz schwärmt? Er freut sich, dass „in all dem Lärm und Wirr-

(5) Jannowitzbrücke und Stadtbahn in einer Zeichnung von 1885. Die Bögen des Spreeviadukts setzen sich nach rechts in einer langen Reihe fort.

warr", den die Pferdebahnen und Omnibusse erzeugen, auch noch die Ausrufer der Extrablätter zu hören sind, weil ihm so die Gewissheit wird, dass er „mal wieder unter Menschen" ist.

Oder es wird aus dem hinteren Zimmer von Effi Briests Wohnung in der Königgrätzer Straße das Bahngelände hinter dem Anhalter Bahnhof wahrgenommen. „‚Sehen Sie doch nur die verschiedenen Bahndämme, drei, nein vier, und wie es beständig darauf hin und her gleitet'", ruft Dr. Rummschüttel bei diesem Anblick aus, „‚und nun verschwindet der Zug da wieder hinter einer Baumgruppe. Wirklich herrlich'". Doch über den ständigen Lärm, der da zu hören sein muss, fällt kein Wort. Dasselbe im *Stechlin*, wo der alte Barby auf den Bahndamm jenseits der Spree blickt. Die „lange Reihe der herankommenden Stadtbahnwaggons" vor Augen, erfreut er sich allein daran, „‚wie das Abendrot den Lokomotivenrauch durchglüht'".

Besonders gut zu bemerken ist die rein visuelle Wahrnehmung des Stadtlebens in *Irrungen, Wirrungen*. Als Botho hier seine Wohnung in der Bellevuestraße verlässt, blickt er *unter der grünen Kastanienlaube hin abwechselnd auf das [Potsdamer] Tor und dann wieder nach dem Tiergarten zu, wo sich, wie auf einem Camera-obscura-Glase, die Menschen und Fuhrwerke geräuschlos hin und her bewegten. „Wie schön"*, sagt er zu sich, *„es ist doch wohl eine der besten Welten."*

Und ebenso im *Stechlin*. Die Dampferfahrt zum Eierhäuschen führt hier zunächst an den sich dicht am Ufer hinziehenden Stadtbahnbögen vorbei. *Jeder Bogen schuf den Rahmen für ein dahinter gelegenes Bild, das natürlich die Form einer Lunette hatte. Mauerwerk jeglicher Art, Schuppen, Zäune zogen in buntem Wechsel vorüber, aber in Front aller dieser der Alltäglichkeit und der Arbeit dienenden Dinge zeigte sich immer wieder ein Stück Gartenland, darin ein paar verspätete Malven oder Sonnenblumen blühten.*
Von der Stadtbahn selbst oder vom Stampfen des Schiffes ist nichts zu hören, nur die Gespräche der Beobachtenden begleiten die idyllische Szenerie.

Nicht zuletzt kennt Fontanes Berlin auch kaum Gerüche. Die ihn selbst geradezu peinigenden Ausdünstungen des Landwehrkanals, der erst Ende der 1890er-Jahre keine Abwässer mehr führte, bleiben bei den Spaziergängen seiner Romanfiguren dort unerwähnt. Effi Briest, in der Keithstraße fast direkt am Kanalufer wohnend, erfreut sich des Balkons und der Aussicht auf den im ersten Grün stehenden Tiergarten, nimmt sonst aber nichts wahr. „Es wird Frühling: Er riecht schon", bemerkte tatsächlich über den Kanal zu dieser Jahreszeit der Berliner. Nur in *Irrungen, Wirrungen*, als Käthe von ihrer Kur zurückkommt, wird einmal auf die Geruchsbelästigung angespielt. „‚Es ist doch eigentlich reizend hier'", sagt sie zu Botho, als sie vom Anhalter Bahnhof nach Hause fahren, *„all die Menschen und die vielen Spreekähne, die vor Enge nicht ein noch aus wissen. Und so wenig Staub. Ich find es doch einen rechten Segen, dass sie jetzt sprengen und alles unter Wasser setzen; freilich lange Kleider darf man dabei nicht tragen. Und sieh nur den Brotwagen da mit dem vorgespannten Hund. Es ist doch zu komisch. Nur der Kanal ... Ich weiß nicht, er ist immer noch so ...* " – *„Ja"*, erwidert Botho ihr lachend, *„er ist immer noch so. Vier Wochen Julihitze haben ihn nicht verbessern können.* "

Alles in allem ist es also ein vorteilhaft arrangiertes, ein poetisches Berlin-Bild, das sich uns in den Romanen Fontanes darbietet, aber es ist deshalb doch kein unwahres. Die Überzeugung, in einer angenehmen und sogar schönen Stadt zu leben, wird ja von irgendwelchen Unvollkommenheiten kaum beeinflusst, sie hängt vorwiegend davon ab, ob man sich dort wohl und zu Hause fühlt. Das aber hat für Fontane ebenso gegolten, wie es für seine Romanpersonen gilt. Der Eindruck des Aufgehobenseins hätte sich nur abgeschwächt, wenn im Sinne einer objektiven Erfassung der Verhältnisse immer wieder Nachteiliges in den Blick gekommen wäre. Darüber hinaus war Fontane aber auch überzeugt, dass künftige Zeiten bessere Zeiten sein würden, und so sah er Berlin sowieso in den Zustand hineinwachsen, in dem er es in seinen Romanen zeigt.

Heute, wo die Stadt weit mehr eine andere geworden ist, als er sich das je hätte vorstellen können, ist es mit dem Wiedererkennen schwierig geworden. Wendet man sich jedoch den Bildern von damals genauer zu und sucht die Stellen auf, zu denen sie gehören, kann man die Menschen seiner Romane noch wieder ganz so deutlich hier – und eben wirklich hier – vor Augen haben, wie dies für deren frühe Leser, soweit sie Berlin kannten, selbstverständlich gewesen ist. Das aber ist ein Gewinn nicht nur für die Lektüre der Romane, es ist auch ein Gewinn für die Wahrnehmung der Stadt. Sie belebt sich so mit Schicksalen und Geschichten aus der Vergangenheit, und in Erinnerung an die Romanhandlungen kann man Fontanes Gestalten hier wie guten Bekannten an vielen Stellen begegnen. In ihre Zeit zurückwünschen wird man sich deshalb allerdings doch wohl nicht.

(6) Eine Berliner Straßenkehrmaschine von 1889.

Textnachweise

Die aus den Werken Fontanes zitierten Textstücke sind nicht stellengenau nachgewiesen, da sie sich nach den Titeln in jeder Fontane-Ausgabe auffinden lassen. Sie wurden sämtlich der 1962ff. im Hanser-Verlag München erschienenen Ausgabe der *Werke, Schriften und Briefe* entnommen, herausgegeben von W. Keitel und H. Nürnberger. Nach dieser Ausgabe sind – soweit dort enthalten – auch die herangezogenen Briefe zitiert, nach Abteilung IV, Bde. I–IV, München 1976ff. (abgekürzt als Briefe I, Briefe II usw.). In allen Fällen sind die Zitate aber – abweichend von den Quellen – in der heutigen Rechtschreibung wiedergegeben.

Kapitel 1

1 Theodor Fontane: Von Zwanzig bis Dreißig (1898). „Mein Leipzig lob' ich mir": 6. Kapitel.
2 Theodor Fontane: Von Zwanzig bis Dreißig (1898). „Mein Leipzig lob' ich mir": 6. Kapitel.
3 Theodor Fontane: Von Zwanzig bis Dreißig (1898). Berlin 1840: 1. Kapitel.
4 Brief vom 6.11.1896 an Erich Schmidt. Briefe IV, Nr. 670.
5 Theodor Fontane: Von Zwanzig bis Dreißig (1898). Fritz, Fritz, die Brücke kommt: 1. Kapitel.
6 Brief vom 5.10.1849 an Bernhard von Lepel. Briefe I, Nr. 38.
7 Brief vom 8.4.1859 an Paul Heyse. In: Der Briefwechsel von Theodor Fontane und Paul Heyse. Hrsg. von E. Petzet. Berlin 1929. Nr. 24.
8 Brief vom 11.2.1896 an Ernst Gründler. Briefe IV, Nr. 570.
9 Brief vom 25.9.1872 an Mathilde von Rohr. In: Th. F. Briefe an Mathilde von Rohr. Briefe (Propyläen-Ausgabe) Bd. III, Nr. 630.
10 Müller-Grote, Gustav: Meine Erinnerung an Theodor Fontane (1941). In: „Erschrecken Sie nicht, ich bin es selbst". Erinnerungen an Theodor Fontane. Hrsg. von W. Rasch und Ch. Hehle. Berlin 2003. S. 119–123.
11 Brief vom 3.10.1893 an Georg Friedlaender. Briefe IV, Nr. 307.
12 Brief vom 9.8.1891 an Martha Fontane. Briefe IV, Nr. 149.
13 Brief vom 4.5.1894 an Theodor Fontane jr. Briefe IV, Nr. 354.
14 Brief vom 12.10.1892 an Georg Friedlaender. Briefe IV, Nr. 230.
15 Brief vom 16.2.1894 an Martha Fontane. Briefe IV, Nr. 341.
16 Brief vom 3.1.1896 an Karl Eggers. Briefe IV, Nr. 557.

Kapitel 2

1 Brief vom 28.3.1889 an Georg Friedlaender. In: Th. F. Briefe an Georg Friedlaender. Hrsg. von K. Schreinert. Heidelberg 1954. S. 104f.; Brief vom 27.4.1894 an Joseph Victor Widmann. Briefe IV, Nr. 351.
2 Wagner-Simon, Therese: Das Urbild von Theodor Fontanes „L'Adultera". Berlin 1992.
3 Brief vom 27.4.1894 an Joseph Victor Widmann. Briefe IV, Nr. 351.
4 Die Bebauung der Tiergartenstraße im 19. Jahrhundert dokumentiert sehr genau Schmidt, Hartwig: Das Tiergartenviertel. Teil I. Berlin 1981.

Kapitel 3

1 Brief vom 20.9.1887 an Paul Schlenther. Briefe III, Nr. 537.
2 Brief vom 6.8.1887 an Hermann Löwinson. In: Th. F. 89 ungedruckte Briefe und Handschriften. Hrsg. von R. Kehler. Berlin 1936. S. 90.
3 Brief vom 15.2.1888 an Emil Schiff. Briefe III, Nr. 561.
4 Pietsch, Ludwig: Theodor Fontane †. Persönliche Erinnerungen (*Vossische Zeitung* vom 22.9.1898). In: „Erschrecken Sie nicht, ich bin es selbst". Erinnerungen an Theodor Fontane. Hrsg. von W. Rasch und Ch. Hehle. Berlin 2003. S. 270–275.
5 Brief vom 15.2.1888 an Emil Schiff. Briefe III, Nr. 561.

Kapitel 4

1 Brief vom 3.1.1888 an Emil Dominik. Briefe III, Nr. 553.
2 Seiler, Bernd W.: Theodor Fontanes uneheliche Kinder und ihre Spuren in seinem Werk. In: *Wirkendes Wort* 38 (1998), S. 215–233.

Kapitel 5

1 Brief vom 9.5.1888 an Theodor Fontane jr. Briefe III, Nr. 575.
2 Rosenfeld, Hans-Friedrich: Zur Entstehung Fontanescher Romane. Groningen 1926. S. 32–37.

Kapitel 6

1 Mauthner, Fritz: Theodor Fontanes „Effi Briest". In: *Berliner Tageblatt* vom 13.11.1895 (Jg. 24, Nr. 578, Erste Beilage).
2 Brief vom 14.11.1895 an Fritz Mauthner. In: *Fontane-Blätter* 6,1 (1985), S. 18.
3 Reichensperger, August: Parlamentarisches über Kunst und Kunsthandwerk. Köln 1880. S. 48.
4 Brief vom 5.1.1872 an Mathilde von Rohr. Briefe II, Nr. 307.
5 Brief vom 1.4.1888 an Theodor Fontane jr. Briefe III, Nr. 502.
6 Brief vom 25.7.1891 an Martha Fontane. Briefe IV, Nr. 144.
7 Holtze, Friedrich: Tischrunde im Weinhaus Huth (1926). In: „Erschrekken Sie nicht, ich bin es selbst". Erinnerungen an Theodor Fontane. Hrsg. von W. Rasch und Ch. Hehle. Berlin 2003. S. 131–141.

Kapitel 7

1 Brief vom 4.11.1896 an Paul Schlenther. Briefe IV, Nr. 668.
2 Brief vom 9.7.1893 an Martha Fontane. Briefe IV, Nr. 279.

Kapitel 8

1 Theodor Fontane in seiner Rezension zu Gustav Freytags Roman *Die Ahnen* am 14.2.1875 in der *Vossischen Zeitung*.
2 Brief von Mai/Juni 1897 an Adolf Hoffmann. Briefe IV, Nr. 729.

Kapitel 9

1 Brief vom 27.10.1869 an Emilie Fontane. Briefe II, Nr. 209.
2 Brief vom 7.9.1876 an Julius Rodenberg. Briefe II, Nr. 433.
3 Brief vom 2.6.1881 an Hermann Wichmann. Briefe III, Nr. 129.
4 Brief vom 18.7.1880 an Emilie Fontane. Briefe III, Nr. 83.
5 Brief vom 22.7.1895 an Maximilian Harden. Briefe IV, Nr. 481.
6 Brief von 8.12.1892 an Emil Friedrich Pindter. Briefe IV, Nr. 249.
7 Brief vom 9.9.1889 an Martha Fontane. Briefe III, Nr. 682.
8 Brief vom 21.10.1869 an Emilie Fontane. Briefe II, Nr. 207.
9 Brief vom 11.8.1897 an Wilhelm Hertz. Briefe IV, Nr. 743.
10 Brief vom 3.2.1898 an Georg Friedlaender. Briefe IV, Nr. 791.

Bildnachweise

Herkunftsnachweise gibt es nur für Abbildungen, die von bestimmten Personen oder Einrichtungen oder aus bestimmten Druckwerken übernommen worden sind. Ganz überwiegend handelt es sich dabei um Bildmaterial, für das die Urheberrechte bereits erloschen sind. Sollten trotz sorgfältiger Prüfung in Einzelfällen Urheberrechte übersehen worden sein, bittet der Verlag die betreffenden Rechte-Inhaber, sich zwecks Abgeltung der Bildnutzung mit ihm in Verbindung zu setzen. Dasselbe gilt für den Fall, dass an bestimmten einzelnen Bildkopien Eigentumsrechte bestehen, die versehentlich nicht beachtet worden sind.

Verzichtet wurde auf den Herkunftsnachweis bei den verwendeten Postkarten. Sie sind entweder Eigentum des Verfassers oder gehören privaten Leihgebern. Allein Eigentum des Verfassers und deshalb auch urheberrechtlich geschützt sind – von wenigen Ausnahmen abgesehen – alle Fotos des gegenwärtigen Berlin. Dasselbe gilt für die bearbeiteten Ausschnitte aus den Stadtplänen. Die Vorlagen dafür stammen aus Lexiken des 19. Jahrhunderts.

Bei dem älteren Bildmaterial wurde auf eine originalgetreue Wiedergabe kein Wert gelegt. Wo es angebracht erschien, wurden also Unsauberkeiten entfernt, Ränder abgeschnitten oder Ausschnitte gewählt, aber auch Kontraste verstärkt oder die Bildtönung verändert. Der Zweck der Bilder ist hier nicht, die Leistungen der damaligen Fotografie zu dokumentieren, sondern es sollen so gut wie möglich die Fontane'schen Romanschauplätze veranschaulicht werden.

Zu danken ist vor allem der Stiftung Stadtmuseum Berlin für die Auffindung und Bereitstellung einer größeren Zahl von Bildvorlagen sowie dem Zentrum für Berlinstudien an der Landesbibliothek Berlin, dessen Sammlungen die für dieses Buch notwendigen Recherchen überhaupt nur ermöglichten.

Kapitel 1

(1) Die Oberrealschule in der Niederwallstraße. In: Ein Jahrhundert Friedrichs-Werdersche Oberrealschule zu Berlin. Berlin 1924.
(2) Wallstraße 73–71. Foto von F. Albert Schwartz 1887. Stiftung Stadtmuseum Berlin.
(3) Die Südostecke des Königlichen Stadtschlosses mit dem Pulverturm bei Mondschein. Aquarell um 1850 von Johann Heinrich Hintze. Stiftung Stadtmuseum Berlin.
(4) Große Hamburger Straße 28–32. Foto von F. Albert Schwartz 1887. bpk – Bildagentur für Kunst, Kultur und Geschichte.
(5) Apotheke zum Schwan. Lithographie um 1820. Theodor-Fontane-Archiv Potsdam.
(6) Spandauer Straße, Ecke Heidereuter Gasse. Foto von F. Albert Schwartz um 1880. bpk – Bildagentur für Kunst, Kultur und Geschichte.
(7) Das alte Berlinische Rathaus um 1841. Gemälde von Wilhelm Brücke. Stiftung Stadtmuseum Berlin.
(8) Die Klosterstraße mit der Parochialkirche um 1829. Gemälde von Eduard Gaertner. bpk – Bildagentur für Kunst, Kultur und Geschichte.
(9) Fontane 1844. Zeichnung von J. W. Burford. In: Reuter, H.H.: Theodor Fontane. Berlin 1968 (Theodor-Fontane-Archiv Potsdam).
(10) Die Weidendammer Brücke. Foto von F. Albert Schwartz 1881. Stiftung Stadtmuseum Berlin.
(11) Das Innere der Franziskanerkirche zum grauen Kloster. Aquarell von Eduard Gaertner 1844. Gemäldesammlung Potsdam-Sanssouci.
(12) Bellevuestraße 16. In: Schmidt, Hartwig: Das Tiergartenviertel. Teil I. Berlin 1981.
(13) Die gemeinschaftliche Laube. Zeichnung von Theodor Hosemann 1856. In: Ludwig, H.: Theodor Hosemann. Berlin 1973.
(14) Königgrätzer Str. 25. Foto von 1894. Privatsammlung.
(15) Fontane 1869. Foto von Loescher & Petsch. Privatsammlung.
(16) Potsdamer Str. 134 c. In: Bilder und Berichte aus 100 Jahren Bankgeschichte. Hrsg. von F. Steffan. Nürnberg 1971.
(17) Marie von Bunsen: Das Arbeitszimmer Theodor Fontanes. 13.11.1898. Stiftung Stadtmuseum Berlin. Skizze nach Friedrich Fontane: Potsdamer Str. 134 c. In: *Brandenburgische Jahrbücher* 9 (1938). S. 63–68.
(18) Behrenstrasse, Ecke Wilhelmstraße. Foto von 1896. Landesarchiv Berlin.
(19) Potsdamer Straße, Ecke Eichhornstraße. Foto von Georg Bartels 1897. Stiftung Stadtmuseum Berlin.
(20) Fontane 1894 in seinem Arbeitzimmer. Stiftung Stadtmuseum Berlin.
(21) Die Grabstätte der Eheleute Fontane. Foto von Achim Raschka 2005 (Wikipedia).

Kapitel 2

(1) Die Familie Ravené 1867. Privatbesitz. In: Stiftung Stadtmuseum Berlin: Fontane und sein Jahrhundert. Berlin 1998.
(2) Die Grünstraßenbrücke und das Ravené'sche Stadthaus 1894. Gemälde von Julius Jacob. In: Bilder und Berichte aus 100 Jahren Bankgeschichte Hrsg. von F. Steffan. Nürnberg 1971.
(3) Die Petrikirche. Zeichnung von W. Loeillot um 1860. Privatsammlung.

(4) Der goldene Sonntag. Zeichnung von W. Pape. In: *Die Gartenlaube* 1897.
(5) Jacopo Tintoretto: Cristo e l'Adultera. In: Gallerie dell' Accademia di Venezia. Hrsg. von S. Moschini Marconi. Roma 1962.
(6) Carl Joseph Begas: Die Mohrenwäsche. Kreismuseum Heinsberg.
(7) Bartolomé Esteban Murillo: La Immaculata. Prado Madrid.
(8) Die Oberwallstraße in Blickrichtung der „Linden". Foto von 1910. Privatsammlung.
(9) Der Königsplatz mit dem Palais Raczynski. Foto von Hermann Rückwardt um 1880. Privatsammlung.

(10) Der Königsplatz mit der Siegessäule. Foto von Hermann Rückwardt um 1880. Privatsammlung.
(11) Die Villa Ravené. In: *Architektonisches Skizzenbuch* 1867.
(12) Die Villa Ravené. In: *Architektonisches Skizzenbuch* 1867.
(13) Das Restaurant Tübbecke um 1920. Foto aus dem Besitz von Michael Stalherm.
(14) Karl Friedrich Schinkel: Spreeufer bei Stralau (1817). Das Bild war zur Fontane-Zeit als Teil des Schinkel-Nachlasses in einem Raum der Technischen Hochschule in Berlin-Charlottenburg ausgestellt und gehört heute der Nationalgalerie. Fontane führt es im ersten Band seiner *Wanderungen durch die Mark Brandenburg*, dem Buch *Die Grafschaft Ruppin*, im 7. Kapitel zum Zeugnis dafür an, dass Schinkel sich nicht nur italienischen Landschaften, sondern auch den Landschaften der Heimat zugewandt hat.
(15) Stralauer Ufer. Zeichnung von W. Loeillot 1833. Privatsammlung.
(16) Tiergartenstraße 23. Foto von 1938, als das Haus wegen der dort dann errichteten Italienischen Botschaft abgerissen wurde. Landesarchiv Berlin.
(17) Das Innere der Nikolaikirche. Foto von 1910. Stiftung Stadtmuseum Berlin.
(18) Die Nikolaikirche. Foto von Max Missmann 1904. Stiftung Stadtmuseum Berlin.

Kapitel 3

(1) Der Zoologische Garten. Zeichnung von Christian Adolf Eltzner. In: *Die Gartenlaube* 1873.
(2) Kinderbelustigung im Berliner zoologischen Garten. Zeichnung von Robert Geißler. In: *Das Buch für alle* 1883.
(3) Bellevuestraße um 1900. Landesarchiv Berlin.
(4) Bellevuestraße 16. Foto von Hermann Rückwardt. In: *Architektonische Studien-Blätter* 1885.
(5) Unter den Linden Nr. 4. Foto von F. Albert Schwartz 1881. Stiftung Stadtmuseum Berlin.
(6) Das untere Ende der „Linden". Zeichnung von Christian Adolf Eltzner. In: *Die Gartenlaube* 1871.
(7) Das Brandenburger Tor von der Tiergartenseite. Foto von Hermann Rückwardt 1881. Stiftung Stadtmuseum Berlin.
(8) Palais des Grafen Redern. Foto von Georg Bartels 1905. Stiftung Stadtmuseum Berlin.
(9) Unter den Linden 58–66. Foto von Georg Bartels 1901. Stiftung Stadtmuseum Berlin.
(10) Die Dorfkirche von Wilmersdorf um 1885. Museum Charlottenburg-Wilmersdorf.
(11) Leopold Zielcke: Vor den Toren Berlins (1845). In: Cosmann, Ursula: Berliner Vedutenmaler. Leipzig 1980. Die gezeigte Gegend wird hier allerdings als die von Kreuzberg, das heißt als der südöstliche Stadtrand missverstanden. Wegen des Sonnenstandes kommt ein Blick in Richtung Norden jedoch nicht infrage.
(12) Otto Scherfling: Unbetiteltes Bild aus der Umgebung von Berlin um 1860 (Kupferstichkabinett Berlin). Die Bildbestimmungen, die diesem und einem weiteren Bild von Scherfling bei Ziegler/Erler (Theodor Fontane – Lebensraum und Phantasiewelt. Berlin 1996.) zugewiesen werden, sind erfunden und irreführend. Besonders das dort als „Landschaft bei Hankels Ablage" betitelte Bild zeigt auf gar keinen Fall diese Stelle, schon nicht wegen der Berge im Hintergrund und erst recht nicht wegen der Kirche gegenüber.
(13) Julien Vallou de Villeneuve: Si jeunesse savait. Privatsammlung.
(14) Der Görlitzer Bahnhof. In: *Zeitschrift für Bauwesen* 1872.
(15) Borsigs Eisenwerk. Zeichnung von Christian Adolf Eltzner. In: *Die Gartenlaube* 1867.
(16) Landgrafenstraße 9 um 1875. Privatsammlung.
(17) Die katholische St.-Michael-Kirche. Holzstich von 1860. Privatsammlung.
(18) Die Kirche St. Michael. Foto von Richardfabi 2004 (Wikipedia).
(19) Der Lützowplatz. Foto von Max Missmann 1904. Stiftung Stadtmuseum Berlin.
(20) Berliner Droschkenkutscher. Foto v. 1926. Stiftung Stadtmuseum Berlin.
(21) Flugpionier Leroux bei der Demonstration eines Fallschirmabsprungs in der Hasenheide im April 1889. bpk – Bildagentur für Kunst, Kultur und Geschichte.
(22) Der Prospekt am Halleschen Tor in Berlin. Zeichnung von G. Theuerkauf. In: *Ueber Land und Meer* 1879.
(23) Das Weißbierlokal „Puperitz" am Tempelhofer Ufer. Foto von F. Albert Schwartz um 1890. Privatsammlung.
(24) Das Belvedere im Schlosspark von Charlottenburg. Foto von Izmir Übül 2008 (Wikipedia).

Kapitel 4

(1) Die Invalidenstraße an der Kreuzung Chausseestraße. Foto von Waldemar Titzenthaler um 1900. Landesarchiv Berlin.
(2) Der Hamburger Bahnhof im Jahre 1868. Stiftung Stadtmuseum Berlin.
(3) Das Amazone-Denkmal im Invalidenpark. Holzstich von 1875. Privatsammlung.

(4) Luftaufnahme des Invalidenparks. Foto von Roland Fritsch 2008.
(5) Wilhelm- und Zietenplatz. Gemälde von Julius Jacob 1886. Stiftung Stadtmuseum Berlin.
(6) Der Wilhelmplatz von Osten. Zeichnung von 1877. Privatsammlung.
(7) Das Hotel Windsor in der Behrenstraße. Foto von Rudolf A. Schwartz 1907. bpk – Bildagentur für Kunst, Kultur und Geschichte.
(8) Die Moabiter Brücke mit der Borsig'schen Maschinenbauanstalt. Foto von F. Albert Schwartz 1879. Stiftung Stadtmuseum Berlin.
(9) Der Schiffbauerdamm um 1880. Foto von F. Albert Schwartz 1879. Stiftung Stadtmuseum Berlin.
(10) Die Kronprinzenbrücke. Foto von Rudolf A. Schwartz 1914. bpk – Bildagentur für Kunst, Kultur und Geschichte.
(11) Der Alsenplatz mit dem Generalstabsgebäude, das heißt dem Neubau, der 1871 dem alten Sitz des Preußischen Generalstabs in der Behrenstraße nachgefolgt ist. Foto um 1900. bpk – Bildagentur für Kunst, Kultur und Geschichte.
(12) Die Straße In den Zelten. Foto von 1938. Landesarchiv Berlin.

Kapitel 5

(1) Blick in die beiden Arme der Adlerstraße von Süden. Foto von F. Albert Schwarz 1888. bpk – Bildagentur für Kunst, Kultur und Geschichte.
(2) Villa in Wilmersdorf. In: *Zeitschrift für praktische Baukunst* 1874.
(3) Die Heckmann-Villa in der Schlesischen Straße 21/22. In: *Architektonisches Skizzenbuch* 1868.
(4) Die Parochialkirche von Süden um 1910. Privatsammlung.
(5) Alte Leipziger Straße in Richtung Jungfernbrücke. Foto von F. Albert Schwartz 1890. bpk – Bildagentur für Kunst, Kultur und Geschichte.
(6) Raules Hof mit Durchgang zur Adlerstraße um 1910. Privatsammlung.
(7) Treptow, Gasthaus Zenner. Zeichnung von Themistokles von Eckenbrecher (1842–1921). In: *Westermanns Monatshefte* 1892.
(8) Zug der Berliner Dampfstraßenbahn an der Endstation Halensee anlangend. In: *Das Buch für alle* 1888.
(9) Die Nationalgalerie mit der Friedrichbrücke um 1900. Stiftung Stadtmuseum Berlin.
(10) Der Corneliussaal. In: Dorgerloh, Hartmut: Die Nationalgalerie in Berlin. Berlin 1999.
(11) Das Englische Haus 1904. Stiftung Stadtmuseum Berlin.

Kapitel 6

(1) Das Geschäftshaus von Spinn & Mencke, Leipziger Straße 83. Foto von Hermann Rückwardt. In: *Architektonische Studien-Blätter* 1885.
(2) Das Hotel du Nord um 1890. Landesarchiv Berlin.
(3) Leipziger Straße 84–88. Foto v. F. Albert Schwartz 1885. Privatsammlung.
(4) Anzeige aus der *Vossischen Zeitung* von 1879.
(5) Im Café Bauer zu Berlin. Zeichnung von W. Busch. In: *Das Buch für alle* 1883.
(6) Arnold Böcklin: Die Gefilde der Seligen. In: Linnebach, Andrea: Arnold Böcklin und die Antike. München 1991.
(7) Der Lehrter Bahnhof. Foto von F. Albert Schwartz um 1875. Stiftung Stadtmuseum Berlin.
(8) Im National-Panorama zu Berlin. Zeichnung von E. Hünten und W. Simmler. In: *Daheim* 1881.
(9) Der Bau der Moltke-Brücke. Foto von Hermann Rückwardt 1889. Stiftung Stadtmuseum Berlin.
(10) Der Stettiner Bahnhof um 1880. In: Historische Bahnhofsbauten. Hrsg. von M. Berger. Berlin 1980. Bd. 1.
(11) Der Bahnhof Friedrichstraße. Foto von Waldemar Titzenthaler 1898. Privatsammlung.
(12) Eröffnung des Fernverkehrs am Bahnhof Friedrichstraße im Jahre 1885. Zeichnung von Franz Wittig. In: Bilder und Berichte aus 100 Jahren Bankgeschichte. Hrsg. von F. Steffan. Nürnberg 1971.
(13) Königliches Opernhaus und Schloss um 1901. Privatsammlung.
(14) Lützowufer und Corneliusbrücke um 1912. Landesarchiv Berlin.
(15) Keithstraße, Ecke Wichmannstraße um 1925. Landesarchiv Berlin.
(16) Schlossfreiheit, Schloss und Café Helms. Foto von Hermann Rückwardt um 1890. Privatsammlung.
(17) Schleusenbrücke und Rotes Schloss um 1880. Privatsammlung.
(18) Das Reichskanzlerpalais Wilhelmstraße 76. Foto von F. Albert Schwartz 1881. Stiftung Stadtmuseum Berlin.
(19) Bismarck 1881. Zeichnung von Franz Lenbach. Privatsammlung.
(20) Unter den Linden mit Innenministerium. Foto von 1930. Privatsammlung.
(21) Gartenfront des Charlottenburger Schlosses. Foto von Max Missmann 1919. Stiftung Stadtmuseum Berlin.
(22) Königgrätzer Straße 48. Foto von 1910. Landesarchiv Berlin.
(23) Die Christuskirche um 1910. Landesarchiv Berlin.
(24) Volkstreiben auf dem Kreuzberg. Gemälde von Otto Piltz 1886. Kunstamt Kreuzberg.
(25) Der Palaisgarten des Prinzen Albrecht. Gemälde von Adolf Menzel 1846/1876. Nationalgalerie Berlin.
(26) Anzeige aus der *Vossischen Zeitung* vom November 1886.
(27) Lampenhandlung Fritz Heller, Unter den Linden 45. 1906. Stiftung Stadtmuseum Berlin.
(28) Nürnberger Bierhaus Siechen. In: *Blätter für Architektur und Kunsthandwerk* 1900.
(29) Das Weinhaus Huth. Foto von 1895. Privatsammlung.

Kapitel 7

(1) Weihnachtsmarkt. Zeichnung von F. Bergen. In: *Die Gartenlaube* 1891.
(2) Detail des Rezonville-Panoramas von 1893. Privatsammlung.
(3) Im Café Josty. Holzschnitt nach einem Gemälde von Paul Höniger, 1890. Privatsammlung.

(4) Bahnhofszene. Zeichnung von W. Gause. In: *Die Gartenlaube* 1892.

(5) Vor der Löwengruppe im Tiergarten. Zeichnung von F. Stahl. In: *Die Gartenlaube* 1888.

Kapitel 8

(1) Markt am Leipziger Platz. Aquarell von Paul Andorff um 1885. Stiftung Stadtmuseum Berlin.

(2) Die Lennéstraße am Tiergarten um 1880. Privatsammlung.

(3) Die Häuser am Hafenplatz um 1890. Stiftung Stadtmuseum Berlin.

(4) Potsdamer Platz um 1885. Stiftung Stadtmuseum Berlin.

(5) Kemperplatz mit Lennéstraße. Foto von F. Albert Schwartz um 1885. Stiftung Stadtmuseum Berlin.

(6) Matthäikirche von Süden um 1920. bpk – Bildagentur für Kunst, Kultur und Geschichte.

(7) Der Schöneberger Hafen. Foto von Rudolf A. Schwartz um 1900. bpk – Bildagentur für Kunst, Kultur und Geschichte.

(8) Spreewaldammen im Tiergarten. bpk – Bildagentur für Kunst, Kultur und Geschichte.

(9) Ein Wohnhaus von 1888 in der Chausseestraße. In: Geist, J.F. und K. Kürvers: Das Berliner Mietshaus Bd. 2. München 1984.

(10) Toepfers Hotel am Karlplatz. Foto von F. Albert Schwartz 1886. Privatsammlung.

(11) Eine Damenlesehalle in Berlin. Zeichnung von E. Hosang. In: *Das Buch für alle* 1892. Über die Einrichtung der städtischen Lesehallen siehe Buchholtz, Arend: Die Volksbibliotheken und Lesehallen der Stadt Berlin. Berlin 1900.

(12) Im Omnibus. Zeichnung von Theodor Hosemann 1864. In: Druckgraphische Arbeiten von Theodor Hosemann. Hrsg. von W. Geister. Berlin 1975.

(13) Sonntagsverkehr auf der Charlottenburger Pferdebahn. Zeichnung von Hermann Lüders. In: *Ueber Land und Meer* 1875.

(14) Kaiser-Panorama und Lehrter Bahnhof. Foto von Stengel & Co. 1895. Privatsammlung.

(15) Lennéstraße 4. Foto von Hermann Rückwardt. In: *Architektonische Studien-Blätter* 1885.

(16) Kathreiner-Werbung 1894. Als Anzeige im Herbst 1894 in den Zeitschriften *Daheim* und *Ueber Land und Meer*. Staatsarchiv Ludwigsburg.

(17) Die Dampferstation an der Jannowitzbrücke. Foto von Max Missmann 1906. Stiftung Stadtmuseum Berlin.

(18) Schiffsausflügler an der Jannowitzbrücke. In: *Illustrirte Chronik der Zeit* 1898.

(19) Die Spindler-Werke. Gemälde von Paul Andorff 1881. Stiftung Stadtmuseum Berlin.

(20) Detail aus dem Tafelbild „Erscheinung Gottvaters" von Peter Cornelius. Universität der Künste Berlin.

(21) Die Sängerin Jenny Lind. Gemälde von Eduard Magnus 1846. Nationalgalerie Berlin.

(22) Die alte Garnisonkirche in Berlin. Foto von 1910. Privatsammlung.

(23) Der Belle-Alliance-Platz. Foto um 1900. Privatsammlung.

Kapitel 9

(1) Der Bahnhof der Berliner Stadtbahn in der Friedrichstraße. Zeichnung von Franz Kollarz. In: *Das Buch für alle* 1883.

(2) Der Reichstag. In: *Blätter für Architektur und Kunsthandwerk* 1892.

(3) Berliner Blumenmädchen. In: *Die Gartenlaube* 1888.

(4) Berliner Blumenmädchen. Holzschnitt von Hans Baluschek. In: Berliner Kalender 1910.

(5) An der Jannowitzbrücke in Berlin. Zeichnung von W. Geißler. In: *Ueber Land und Meer* 1885.

(6) Eine neue Straßenwaschmaschine in Berlin. Zeichnung von E. Hosang. In: *Das Buch für alle* 1889.

Über den Autor

Bernd W. Seiler, 1939 in Ostpreußen geboren, wuchs nach dem Krieg in Dresden auf, machte dort 1958 Abitur und studierte in Kiel, München und Hamburg Germanistik und Geschichte. Nach Staatsexamen und Promotion wurde er zunächst Studienrat und lehrte von 1974 bis 2005 Neuere Deutsche Literatur an der Universität Bielefeld.

Von seinen literaturgeschichtlichen Arbeiten wurde seine Habilitationsschrift zur literarischen Wahrscheinlichkeit (*Die leidigen Tatsachen*, Stuttgart 1983) über die Fachgrenzen hinaus beachtet, und mit seinem Buch *Es begann in Lesmona* (Bremen 1993) erreichte er auch eine breitere Öffentlichkeit. Mit Theodor Fontane und seinem Werk hat sich Seiler in vielen Zusammenhängen befasst, und Berlin kennt er seit seiner Jugend aus ungezählten Besuchen und Aufenthalten.

Lektorat: Julia Lauber, Berlin
Gestaltung und Satz: Pina Lewandowsky, Berlin
Druck: Mercedes Druck, Berlin
Bindung: Stein+Lehmann, Berlin

ISBN: 978-3-942476-00-3

2. Auflage 2011

Inh. André Förster, Binzstraße 19, D-13189 Berlin
www.verlagberlinbrandenburg.de